「肉ひと筋」で、勝つ。

『いきなり！ステーキ』と一瀬邦夫

著——尾崎弘之

目次

第3章　「危機」を切り抜けるサバイバル能力

教訓
危機を乗り越えるサバイバル例の方が成功例より学ぶことが多い

第4章　第一の「危機」——多店舗化失敗と集団辞職

教訓
事業拡大による危機を招いた背景とサバイバル

第5章　第2の「危機」――大手資本への対抗と急ぎすぎた出店

第6章　第3の「危機」――BSE騒動の恐怖 125

教訓
「BSE」という大事件への独自対処 126

第7章　第4の「危機」――不祥事と食中毒事故を乗り越える 143

教訓
パートナー企業が招いたトラブルにも準備、対処を 144

第8章　第5の「危機」――デフレの終わりと業界構造の変化……163

教訓
デフレの終わりはチャンスでもあり危機でもある　164

はじめに

首都圏、近畿、九州を中心に店舗展開する「セオリー（常識）から外れた」外食チェーンがある。

名前は『いきなり！ステーキ』である。

『いきなり！ステーキ』は２０１３年12月に第１号店を銀座にオープン、翌年２０１４年８月には３０２０万円の驚異的な売上を達成した。勢いに乗って次々に新店舗を出店、その数は２０１６年６月末時点で96店舗、２０１５年決算での売上は84億５３００万円に達した。日本全国の外食業界が注目するチェーンである。

立ち食いというユニークなスタイル、リブロースステーキ３００ｇで１５００円（開店当時／税別）という、既存のステーキ店の約半分の安値、という斬新な価格設定で話題と人気を集め、１号店開店から2年半を過ぎても、快進撃を続けている。

この店を運営する『（株）ペッパーフードサービス』は、現在、「日本で最も勢いがある外食企業」といって過言でない。２０１５年の総売上高は１６１億９８００万円。

全上場外食企業89社のうち、2014年、2015年の2年連続で「売上高前年比伸び率トップ企業」として君臨している。2015年度は前年比184・3%の伸び率になった（フードビジネス総合研究所調査）。ペッパーフードサービス社は、『ペッパーランチ』という『いきなり！ステーキ』より大衆的なステーキチェーンも運営している。『ペッパーランチ』も絶好調であり、業績は何と43か月連続でプラス（既存店前年対比売上／2016年5月現在）だ（162ページ参照）。

このペッパーフードサービス社を率いる代表取締役社長CEO・一瀬《いちのせ》邦夫《くにお》——彼こそが、『いきなり！ステーキ』を発想し、実現・成功させた人物であり、本書の主人公である。

では、『いきなり！ステーキ』が、どのように「セオリー外」なのか。それは以下の3点である。

一、「成熟産業のセオリーから飛び抜けている」

外食産業は「成熟産業」である。成熟産業においては、スタートから爆発的に伸長する企業は珍しい。爆発的なスタートを見せる企業は、インターネット業界のような成長産業で生まれるものだ。『いきなり！ステーキ』事業は1号店オープンから実質2年目、2015年の売上が90億円に迫り、3年目第1四半期のペースがこのまま続けば、年間売上120億円に達する。この勢いは、「成熟産業のセオリー外」である。

二、「価格設定のセオリーを無視している」

外食業界の価格設定には明確なセオリーがあり、食材の質に応じて価格が決まる。総じて、高級料理はよい食材を使うだけに値段も高く、値段が安い料理はそれなりの食材を使うことになる。ところが『いきなり！ステーキ』で提供される肉は、他店ならば倍近い価格を設定する質の肉である。普通に考えれば、大赤字覚悟の原価率のはずだ。

三、「経営者がセオリー外の人間である」

一瀬邦夫、彼こそがすべての「セオリー外」の源である。一般に、「業界の常識を変革する経営者は〈若者〉〈よそ者〉〈馬鹿者〉のどれかだ」と言われている。長く同じ業界にいる、いわゆる「その道のプロ」は職人としての固定観念にこだわり、現状の枠組を壊すことができない、それができるのは「若者・よそ者・馬鹿者」だ、という意味だ。

しかし、一瀬は御年74歳になろうとしている。コックからスタートして50年を越えるキャリアは外食業界ひと筋である。この年齢、キャリアの経営者が業界の常識を覆《くつがえ》すとは驚きである。

▽「肉ひと筋」の「戦後最年長IPO社長」

『いきなり！ステーキ』店舗を訪れると、看板脇に「コック姿」で微笑んでいる男性の巨大な写真が目に入る。これが一瀬邦夫その人である。

最近は料理人を「シェフ」と呼ぶことが多いが、一瀬は昔ながらの「コック」という呼び名を好む。彼が東京赤坂の山王《さんのう》ホテルでコックをした後、独立してレストランを開いたのは１９７０年。それ以来、「肉ひと筋」の人生で、今ではグループの総店舗数が国内外４９０店（国内２４１店・海外２４９店／２０１６年6月時点／フランチャイズチェーン店を含む）、グループ店舗の売上約１６２億円まで自分の会社を育て上げた（２０１５年12月時点）。会社をＩＰＯ（新規株式公開）した時64歳で、彼は子会社を除く「戦後、最年長ＩＰＯ社長」でもある。

▽危機を呼びこみ、危機から救ってくれた「性善説」

一瀬本人と会って話をすると、「裏表がない」「せっかち」「よく喋る」という印象を受ける。そして、「人懐こい」人物である。新幹線のグリーン車で京セラ創業者の稲盛和夫《いなもりかずお》を見つけると、「私はレストランを経営しておりまして……」と話しかけ、彼のサインをもらう。ニューヨークのセントラルパークで、犬の散歩中だったロッキー青木《あおき》（レストラン『ベニハナ』創業者）を見つけるとすかさず話しかけ、「日本に来たら連絡してください」とちゃっかり名刺を渡す。上場企業の社長になった今も、この人懐こさは変わらない。

愛すべきキャラクターの一瀬だが、経営者として順調な道のりをたどったわけではない。数々の華々しい成功をおさめているが、その前後には倒産寸前の失敗・危機を経験している。頂上から谷底へ、そしてまた頂上へ、と激動する、まさにジェットコースターのような経営者人生である。

一瀬の愛すべきキャラクターは、多くの人を引きつける「懐の深さ」から来ている。フランチャイズチェーン（ＦＣ）加盟社の社長と意気投合して、まるで学生時代からの親友のように長電話をする。社員から紹介されたコンサルタントをまるで親戚の息子のように可愛がる。

ただ、この「懐の深さ」は時として「脇の甘さ」と表裏一体になる。人を信用して、何とかしてあげようという気持ちが、何度も仇《あだ》になった。基本的に「性善説」の人なので、「あの輩《やから》は信用ならない」と周囲が諫《いさ》めても、「ご縁を大切にしたい」と突き進んでしまうことも一度や二度ではなかった。

縁を大切にする性格が「ジェットコースター経営者人生」の一因となっているが、一瀬は、失敗に懲《こ》りて必要以上に人を警戒する「性悪説」にはならなかった。

確かに「性善説」は一瀬を危機に陥れる一因となったが、彼を度重なる危機から救ったのも「性善説」であった。

『ペッパーランチ』委託経営店の従業員が起こした顧客に対するトラブル、食中毒事件、このふたつが連続して起きた時期が一瀬の経営者人生における最大の危機だった。

彼は厳しい批判を受け、離反する取引先も少なくなかったが、この危機から彼を救ったのも取引先だった。ふだんから「懐深く」付き合ってきた取引先企業の経営者たちは彼を見放さなかった。ただ、危機を脱するまでは、時に「死」を覚悟するほど厳しい道のりを歩まざるを得なかった。

競争が激しく成熟した外食業界では、急成長はもちろん、一瀬のように50年近くも事業を継続することだけでも難しい。しかし、一瀬には自分が「厳しい競争を勝ち抜いてきた」という意識はない。競争は「他人を蹴落とす」ことであり、一時的に蹴落とすことができても、その後は新しい競争相手に自分が蹴落とされる番である。長い苦労の末、「社員も取引先も同業者も皆が幸せになればよい」という哲学を一瀬は持つ。ただ、「綺麗ごと」の教訓ではなく、壮絶な試行錯誤の結果である。

▽一貫している「植木理論」と危機を乗り越えること

一瀬の経営理念には、２０１２年に98歳で他界した母やゑの影響が強く見受けられる。母の教えで、最も重要なものは、「枯れた植木に水をやる人はいない（青々とした植木でなければ人は見むきもしない）」という「植木理論」である。『ペッパーランチ』も『いきなり！ステーキ』も周囲がハラハラするようなペースで「ロケットスタート」を強行した。通常であれば、「最初は様子を見て慎重に行こう」と考えたくなる。しかし、一瀬は、思い入れが強いふたつのチェーン店を「青々とした植木」にしたかった。そうすることによって、お金だけでなく、人や情報が集まってくる。彼のこの信念は危機に陥った時も変わらず、実際、何度もその信念によって救われてきた。

浮き沈みが激しい彼の経営者としての軌跡を見ると、不遇や危機の時期を生き残り、次の成功への布石を打つことにこそ大きな価値があることを気づかされる。一瀬のジェットコースター的経営者人生から何を学びとるか、それが本書のテーマである。

一瀬社長がiPadに書きこんだ『いきなり！ステーキ』初期構想

01_ とにかく安い／300gの基本は鳴尾ビーフが1500円。ガロニはコーンのみ
02_ サラダ300円。お代わりを勧める／ドレッシングはオニオンと醤油ドレッシング
03_ サラダはカットサラダを使う／専門の取引先に依頼
04_ 指定場所を決めてオーダーカットする
05_ 立ち食いステーキスタイル
06_ 夜はペッパーライスをお茶碗で提供／昼はごはんを提供
07_ 営業時間は11時~23時が基本／12時間営業／昼も営業する
08_ 紀州備長炭も入れて焼き上げる
09_ ワイングラスを2種類、全て3種類のワインから選んでいただく
10_ ホールスタッフの心構え……お肉が少なくなってきたら、お代わりステーキを勧める／ペッパーライスをお出ししてよいか聞く／ワインのオススメをする／収納のためにどこでも物置を用意する／サラダのお代わりのお勧めをする／卓上のソース、ニンニクの補充
11_ 平均お客様単価は、想定ドリンク込みで3000円
12_ 店舗面積、21~25坪。立ち食いで50名様
13_ 1名様当たり平均滞在時間、1時間として／50名様×6時間(慎重に考えて営業時間×0.5)=300名様／300名様×3000円=90万円×30日=2700万円／原価率65%で計算の粗利益額=945万円(1ヵ月で9000名)／家賃100万円　減価償却30万円　人件費250万円／諸経費30万円　合計410万円／945万円-410万円=535万円／大勢のお客様に喜んでいただいたご褒美の営業利益が535万円となる／535万円×12ヵ月=6420万円
14_ FCビジネスの可能性にチャレンジ
15_ 参入障壁をどのように高めるか？　電磁調理器設置
16_ オーダーカット方式でビジネスの特許を取得する
17_ 当社のステーキソースとステーキバターは日本人に愛される味
18_ 社員FC制度を設ける／社員が喜ぶことをより多くする
19_ 全ての節目に期限をつける
20_ 考え方、 理念の共有が基本　賛同できないと言う社員はいない環境をつくる
21_ 日本一の外食企業となる
22_ 途中から東南アジアへ出店を加速する
23_ 世界有数の外食企業となる
24_ 音楽はビートルズ、JAZZを主体とする／ローハイド　音響装置に配慮する
25_ 店で働く従業員は、名札に出身地を記入する
26_ ガルニは、コーンを付ける。フレンチフライは別会計を200円
27_ 1kg以上召し上がったお客様の正確な数字と写真を店内に掲示する。
28_ いきなりステーキのUSP(ユニーク、セリング、プロポジション)
【絶対に旨い、超厚切りステーキを、どこよりも安く、感じ良いサービス、当店の味でお食べ下さい】
29_ アンケートを集計して、際立つ内容は、店内の指定場所に掲示する
30_ 徹底して知っていただくことを実践。各方面に発信、パブリシティを生み出す
31_ お客様の目前に提供された写真をお客様と共に撮影サービスする
a、お客様の携帯で／b、従業員の携帯で撮ってフェイスブックへ出してもよい許可を取り付ける。
この場合、ハガキ大のカードに予め了承文を印刷しておく。
名前欄に了承のサインをしていただく
32_ お客様紹介システム　紹介カードを発行／紹介者の名前と紹介された人の名前を記入する
33_ お客様への店舗情報発信のために、お客様のメールアドレスを集める
34_ ジムに通っている人、ジム会員カードと連携、カード提示で割引する／
または、体重カード提示で割引制度
35_ 当初、販売促進でお客様の心をつかむ　ほぼ原価で販売する／
なお、キャッチコピーとして、広告物を20万枚位近隣に配布する。
36_ お客様の入店から、オーダーを受け、提供、サービス、中間サービス、会計、の流れをつくっておく。
37_ オススメはレアです。中が冷たくないレア。
38_ 1kg以上のシェアーカットステーキもメニューに入れる
39_ 当店は300kg以上が基本です！　厚切り、カットでレアがうまい！
40_ 大口あいてめしあがれ！
41_ お客様にステーキを提供する際は、必ずステーキのグラム数を言うことにする。
それ自体がメニュー名となる。
42_ ビッグステーキはあなたの闘争本能を刺激します
43_ 美味しいステーキは好きですか？　標語
44_ ステーキの本場、アメリカはいきなりステーキが当たり前です。
お寿司屋さんでいきなり中とろ、と同じです。

第1章

Niku hitosuji de katsu

セオリーから外れた事業構想、『いきなり！ステーキ』

【教訓】　セオリーから外れた事業構想を実現するには

一瀬が『いきなり！ステーキ』というセオリーから外れた構想を具体化できたのは、構想が単なる思いつきでなく、周到に考えたプロセスが説得力を持っていたためである。本章のエピソードから導き出される教訓は以下の三点である。

※セオリーから外れた事業アイディアは顧客ニーズの継続的かつ詳細な観察から生み出されなければならない。
※アイディアは緻密かつ具体的な実行プランを伴って初めて説得力を持つ。
※トップダウンのマネジメントといっても、周囲を納得させて賛同を得ないと事業構想の成功はおぼつかない。

▽役員会で提示された「驚愕の構想」

２０１３年10月。ペッパーフードサービス社の経営会議の席上、社長である一瀬邦夫は居並ぶ役員・幹部社員たちに、驚愕の構想を提示した。

『いきなり！ステーキ』の基《もと》となるプランである。

一瀬は自社グループのレストラン『ステーキくに』で時々実施する「ステーキ半額セール」にいつも長蛇の列ができることに注目していた。お客さんの反応を調べるうちに、「高級ステーキを今の半額で出せば、お客さんの心をがっちりつかむことができる」という確信に変わった。

ところが、メニューを半額にすると食材の原価率が倍になり、当然赤字になる。これを防ぐには店舗面積あたりの顧客数を増やし、かつ回転率を上げなければならない。具体的には、店内を立ち席にして、お客さんに30分ぐらいで入れ替わってもらえばよい。２０１１年秋以降オープンした『俺のイタリアン』、『俺のフレンチ』が立ち席の高級料理で成功して、注目を浴びていたこともプラス材料だった。

一瀬は「通常の半値メニューで立ち席の高級ステーキ店をやる」と役員たちの前でブチ上げた。全員、真っ青になり思考が停止しそうになった。「そんなアイディア上手く行くわけがない」と皆が思い、その後は疑問と反対意見の嵐である。

「高級ステーキを出しても、立ち席だとファーストフードと勘違いされます。その割には値段が高いので、お客さんが来ないのではないか」

「普通に繁盛してもダメです。一日中行列が続かないと、収支が合いません」

「大量に肉を仕入れなければならないので、食材が余るリスクが大き過ぎます」

「お客さんに『立ち席高級ステーキ』のコンセプトを認知してもらうのに時間がかかる。その間の赤字が心配です」

▽「社長の思いつき」ではないことを納得させる

役員たちは、この構想を一瀬の思いつきだと思った。しかし、一瀬にとって思いつきではなかった。彼の「50年のステーキ人生」から得られた知識、経験、ノウハウのまさに集大成だった。しかも、構想を具体化するために必要な40項目以上のチェックポイントが、便利で使い勝手がよいと一瀬が愛用するｉＰａｄに詳細に記録されていた（16ページ参照）。

難色を示した役員たち一人ひとりに、彼はチェックポイントを見せながら構想を説明した。一般的に社長から思いつきのアイディアが出されると、スタッフが四苦八苦しながら詳細プランをまとめるものだが、このケースは違った。既に社長自ら実行プランを練り上げていた。社長の思いが明確に形になっており、これを用いて説得されると、次第に誰も反対できなくなった。むしろ、皆、納得して「このプランは素晴らしいから成功させよう」という気持ちになった。

『いきなり！ステーキ』が「ロケットスタート」を実現することができたのは、社長が経営陣、現場を納得させることに成功したためである。社内で構想を出して僅《わず》か2か月後という驚異のスピードで、『いきなり！ステーキ』1号店が銀座にオープンした。

▽ランチ難民の救世主

東京都心のランチタイムは場所によって戦場のようになる。特に、ＪＲ山手線内側を、大手町、丸の内、新橋、赤坂、四谷、新宿と続く一帯では、サラリーマンやＯＬがランチにありつくのは、ひと苦労である。

このエリアの昼間労働人口密度は全国一高いので、たいていのレストランや定食屋は12時前に席が埋まってしまう。午前中の会議が長引いて出遅れた人は席を見つけるのにひと苦労である。まさに「ランチ難民エリア」だ。

「美味しいランチを、さほど待たずに、同僚や知人と一緒に食べることはできないものか」というささやかな希望をかなえることが難しいのが、ランチ難民エリアである。

そんなことを思いながら、筆者はランチ時の新橋を虎ノ門方向に歩いてみた。すると、ひときわ長い行列ができている店がある。「この界隈《かいわい》はお金持ちで味にうるさい客が多く、昼休みが短いので、皆せっかちだ。こんな場所で長い行列を作っているとは、どんな店なんだろう」と興味が湧き、つい並んでしまった。

その行列ができている店が『いきなり！ステーキ』である。20分ほど並んだが、せっかちなランチ難民にとっては長過ぎる待ち時間である。ただ、待った甲斐があったことが暫《しばら》くして判明した。

店内に案内されるとすべて立ち席で、お客さんはカジュアルウェアの若者から白髪のサラリーマンまで幅が広い。ひと際目立つのは、若い女性グループが一心不乱に厚切りステーキを頬張っている姿である。彼女たちが、スーツとハイヒール姿で肉に喰らいつくさまは壮観だ。

いちばん隅の席に案内されると、店員がメニューを持って来てくれた。内容はシンプルで、ヒレ、リブ、ロースといった肉の種類とグラム数を指定するだけである。レストランでお客さんが肉のグラム数を指定するなど聞いたことないが、「注文できる最低のグラム数はヒレの200gです。ロースは300g以上になります」と店員に告げられる。

「え？　若い時は、500gでも軽くいけたが、自分もメタボを気にする歳《とし》になった。そんなにたくさん食べられるだろうか？」そう思って、「もっと少なくてもいいんだけど」と小声で聞いた。若い女性店員はにっこりと笑い、「肉の本当の美味しさを楽しんでいただくには、厚切りを焼いて、肉汁を閉じこめなければならないんです。皆さん結構たくさん召し上がりますよ」と教えてくれた。

ところで、「立ち食いといっても、200~300gのステーキを注文すれば、それなりの値段するのではないか？」と思う。すると、「ワイルドステーキ300gで

１３５０円」という表示がある。「１gが４円強？」びっくりするほど安いではないか。筆者は脂身が少ないヒレステーキを２００g注文した。１８００円である（いずれも税抜き価格／２０１６年６月現在）。今、店で出されるのは米国産アンガス牛だが、和牛にひけを取らず柔らかくてジューシーである。米国産牛は歯ごたえがあって、とても美味しいことを実感する。

▽なぜ、「立ち席」と「高級ステーキ」の組み合わせなのか

「高級店と同じレベルのステーキをお客さんに半額で食べてもらいたい」

これが、一瀬が店に託した思いである。

当初は、味に厳しい顧客が多い銀座、赤坂、新宿など東京都心を中心に出店した。路面店は避け、家賃が比較的安い裏通りの物件に集中した。ステーキが美味しくて行列ができれば、裏通りでも十分に顧客の目を引くと計算したのだ。最近は、地方の空港やショッピングモール内のフードコートへの出店が好調である。特に、イオンモール沖縄ライカム店（沖縄県那覇市）とイオンモール常滑《とこなめ》店（愛知県常滑市）は記録的

な売上を叩きだしている。フードコートでは麺類やファーストフードの店が中心だが、同じようなメニューばかりで、お客さんは飽きてしまう。そこに、じゅうじゅうと湯気を上げる焼きたてのステーキが食べられるとなれば、人気が出るのも理解できる。

　ただ、フードコートの店は待ち時間が長いとお客さんに見放される。ステーキをファーストフード並みにすばやく出すには、綿密なノウハウの蓄積がなければならない。一瀬の会社は50年近く「肉ひと筋」であり、その経験が他店にとって、参入障壁となっている。

▽「成熟産業の奇跡」とは

『いきなり！ステーキ』は、まさに「成熟産業の奇跡」ともいえる急成長を続けている。ゲームやアプリを開発するインターネット企業の場合、急成長を遂げることは珍しくない。コアなファンをつかめば、インターネットを介して利用者数が等比級数《とうひきゅうすう》的に増幅するからだ。サーバー数台と優秀なプログラマーがいれば、わずかな初期投資でインターネット・ベンチャーを立ち上げることができるので、業界の参入障壁は低い。ただ、成長が速いぶん、ユーザーに飽きられると、落ちこむスピードも速いという特徴がある。

外食業界の場合、インターネット・ベンチャーとは性質がかなり異なる。準備作業として、店舗に使う不動産を探して内装工事を行い、調理機器を購入し、食材の仕入れルートを確保し、キッチンやホールの人材を揃えなければならない。インターネット事業と比べて資本集約的（初期投資が大きい）かつ労働集約的（人手が必要）であり、参入障壁は低くない。ただ、人気が衰えても、インターネット・ベンチャーほど短期間で落ちこむこともない。この点、ペッパーフードサービス社が2年連続で前年比50％以上も売上を伸ばしたことは驚異的な業績だ。

外食事業の新ブランドをゼロから短期間で急成長させるには、消費者によほど強烈なインパクトを与え、かつ並外れたスピードの経営感覚がなければならない。『いきなり！ステーキ』を「成熟産業の奇跡」と呼ぶ理由は、ここにある。

『いきなり! ステーキ』 1号店シミュレーション

※2013年11月、一瀬邦夫社長が会議で提示したもの

		予想来店者数	営業日数	予想客単価	月間売上げ	それぞれの合計	月間売上
ランチタイム	平日	150名 ×（3300人）	22日 ×	1350円 =	445万円	529万円	2419万円
	日祝日	70名 ×（560人）	8日 ×	1500円 =	84万円		
ディナータイム	平日	250名 ×（5500人）	22日 ×	3000円 =	1650万円	1890万円	
	日祝日	100名 ×（800人）	8日 ×	3000円 =	240万円		

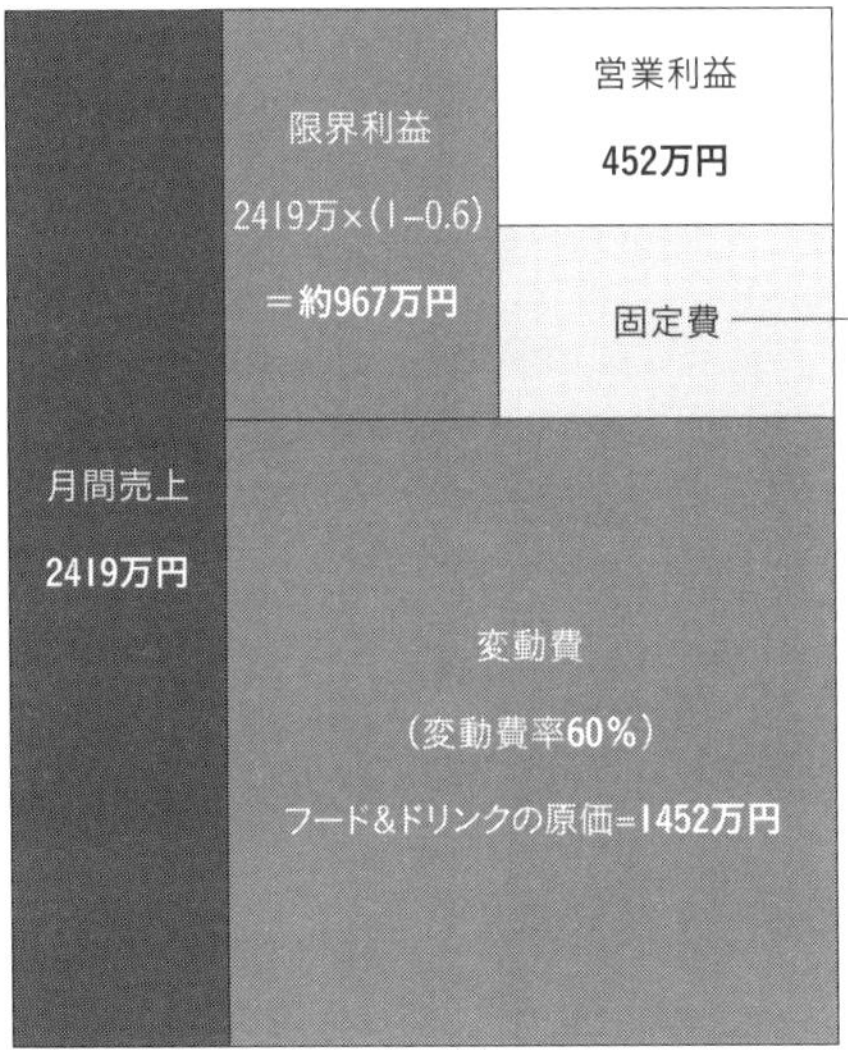

家賃……………150万円
人件費…………250万円
減価償却費……30万円
消耗品…………10万円
光熱費…………55万円
電気…20万円
ガス…20万円
水道…10万円
炭…5万円
雑費……………20万円
衛生費…7万円
クリーニング費…7万円
通信費…2万円
ゴミ処理費…4万円

固定費計＝515万円

年商 2419万円×12＝ **約2億9000万円**

月間営業利益 967万−515万＝ **452万円**

年間営業利益 452万×12＝ **5424万円**

営業利益率 5424万÷2億9千万＝0.187… **約18%**

2013 年 12 月 5 日、『いきなり! ステーキ』第 1 号店（東京・銀座 4 丁目店）開店。
一瀬邦夫社長（コック姿）と 7 人制ラグビー女子日本代表選手たち。

全国一の売上を記録している
『いきなり! ステーキ』愛知・
イオンモール常滑店。

『いきなり! ステーキ』東京・銀座 6 丁目店の行列。

第2章

Niku hitosuji de katsu

成熟産業の奇跡、『いきなり！ステーキ』の秘密

【教訓】セオリー外の構想を具体化するプロセスで学べること

本章は、成熟産業の奇跡『いきなり！ステーキ』が生まれた秘密について分析する。前章で述べたとおり、この構想は一瀬の思いつきではなく、彼が長年かけて練ったプロセスの集大成である。プロセス作りから得られる教訓は以下のとおりである。

※「逆転の発想」の内容が伝わるインパクトが大きいネーミングにこだわる。
※固定的に既存市場を見ず、顧客ニーズを基に新しいカテゴリーを開拓する。
※「業界の教科書」の一ページ目に書かれている常識を疑う。
※セオリー外の構想を実現するために細部までオペレーションを考えぬく。
※社長自らインターネット戦略を考える。
※時代は自分の構想にとって「追い風」なのか、冷静に分析する。
※自身の成功体験が応用可能か吟味する。
※「女性」「健康」など事業を成長させるキーワードと、自社の強みをリンクさせる。

※「慎重なスタート」をする戦略と「スピード重視で『面』を取る」戦略のどちらが適切か、比較分析する。

▽女子ラガー、異色ボクサー、美人ヴァイオリニストとの夜

『いきなり！ステーキ』1号店が銀座4丁目にオープンしたのは2013年12月5日だった。開店時のテープカットに、一瀬は女子ラグビーの日本代表選手たちを招いた。むきむきの腕と太ももを寒風にさらした女子ラガーたちが、赤絨毯の上でコック姿の一瀬を囲むさまは、昼前の銀座を歩くランチ難民たちの興味を引くのに十分だった。女子7人制ラグビー日本代表『サクラセブンズ』には山口《やまぐち》真理恵《まりえ》選手や桑井《くわい》亜乃《あの》選手など美人ラガーもいる。彼女たちの健康的なボディは「肉食」を連想させるのにうってつけで、ランチ開店直前、既に30mの行列が出来ていた。神田南口店（東京都千代田区）のオープン・レセプションでは、彼女たちが中央の席で豪快に肉を頬張っていた。日焼けした顔で「練習きついっす」と言いながら、みなやたらと明るい。

一瀬が、取引先や知人たちを店舗に招いて毎月開く「肉友《にくとも》パーティ」に、チャンピ

オンベルトを引っさげて登場するボクサーがいる。「拳四朗《けんしろう》」というリングネームを持つ、日本ボクシングコミッション（ＪＢＣ）・ライトフライ級チャンピオンである（２０１６年６月現在）。本名は寺地《てらじ》拳四朗。全世界で１億部以上売れた大ヒット漫画『北斗の拳』の主人公「ケンシロウ」が名前の由来らしい。

彼の父親は、元日本ミドル級王者、元東洋太平洋ボクシング連盟（ＯＰＢＦ）ライトヘビー級王者の寺地永《ひさし》。「拳」の一文字を入れて名づけた息子を、幼い頃からボクサーにするべく育てた。リングネームは「ケンシロウ」で申請したのだが、ＪＢＣの規則上無理だということで、「拳四朗」に落ち着いたという。拳四朗は関西大学卒の24歳。童顔かつ身長１６４㎝という小柄で、ちょっと見た目は中学生といっても通用するが、デビュー以来７戦全勝、４ＫＯというハードパンチャーだ。

ある月の「肉友パーティ」では、細身で目がくりっとした美人が中央でヴァイオリンを弾いていた。彼女の名前は佐原敦子《さはらあつこ》。東京芸術大学と同大大学院を経て、ウィーン国立音楽大学大学院を修了している。ウラルスク国際ヴァイオリンコンクール優勝など多くの賞を受賞し、現在は数々のコンサートをこなしながら、東京芸大大学院室内楽科で講師を務める。まさに、ヴァイオリニストとして超一流の経歴である。一瀬が彼女に必ずリクエストするのはドヴォルザーク作曲の『ユーモレスク』だ。

▽メジャーをめざす苦労人から「エネルギー」を吸収する

一瀬はなぜ女子ラガー、拳四朗、佐原たちに肩入れするのか？　現状を突破してメジャーになろうと必死にもがく彼ら・彼女らに自分の姿を重ね合わせているからだ。

２０１５年ラグビーW杯英国大会において日本代表チームが大活躍したおかげで、長年低迷していたラグビー人気が復活した。しかし、２０１３年当時、ラグビー人気の凋落《ちょうらく》ぶりは深刻だった。巷《ちまた》の話題は２０２０年東京オリンピックばかりで、その前年に日本でラグビーW杯が開催されることなど、あまり知られていなかった。ましてや女子ラグビーの存在感は、ほぼ皆無だったといえる。

拳四朗は日本チャンピオンとはいえ、世間的にはまだ無名に近い。亀田《かめだ》兄弟やロンドンオリンピック金メダリストからプロに転向した村田諒太《むらたりょうた》などごく一部の例外を除いて、ボクサーは世界チャンピオンになって初めて広告塔としての価値が認められる。

佐原敦子は日本のクラシック界でトップレベルといっても、純粋にクラシック演奏だけで生計を立てるのは簡単でない。日本ではビジュアル面などでタレント化している奏者が注目されがちだが、佐原はクラシックの王道を進んでいる。

一瀬の経営者人生も、彼らと同様、決して順風満帆ではなく、挫折を繰り返している。高校卒業後、レストランで修業して、ステーキ屋の親父となって店舗を増やしたが、従業員にあやうく集団離職されそうになった。大手外食チェーンに負けないメジャーな企業になろうと『ペッパーランチ』のフランチャイズチェーン（ＦＣ）展開を始めたが、直営店の予想外の不振、狂牛病（ＢＳＥ）感染牛確認による混乱、取引先が起こしたトラブルなど、繰り返し危機に見舞われた。ノックアウト（倒産）寸前に何度も追い詰められた。

▽KO寸前でも倒れなかったから今がある

一瀬はいく度も危機に直面して来た。ただ、顔面を強打されて何度ダウンしてもまた立ち上がって来た。正面から激しいタックルを受けて脳震盪《のうしんとう》を起こしても、頭から水をかぶって、またピッチに戻って来た。栄光をめざす「強い意志」と成功を「信じる力」で戦いぬく、それが彼のスタイルである。

　ラグビーブームにもかかわらずメジャーになれない女子ラガーたち。リングでの孤独な戦いに備えて、日々苦しい減量に耐える拳四朗選手。一般には馴染みの少ない作曲家のエッジの立った作品を紹介し続ける佐原敦子。先が見えないなかトレーニングやレッスンを続けることは辛い。ただ、オリンピックの金メダル、世界チャンピオンのベルト、国際的な賞を手にすれば、彼らの人生は大きく変わる。

「肉友パーティ」には、他にも一瀬が応援しているミュージシャンや芸人などが参加する。みな、現在はメジャーと言いがたいが、メジャーになるため必死に闘っている人ばかりだ。一瀬が彼らに肩入れする理由は、その「闘っている」姿勢にある。

　一瀬は、これまでダウンや脳震盪を繰り返しながらも、ギリギリのところでKOされなかった。それだからこそ、『いきなり！ステーキ』という大ヒットを飛ばし、チャンピオンベルトに手が届く高みへと上ろうとしている。

▽「ステーキはいきなり食べたほうが美味しい」

一瀬の会社を変えた『いきなり！ステーキ』について、発想から実現にこぎつけたプロセスを見てみよう。『いきなり！ステーキ』という、チェーン店名も突飛だが、店内で食べる料理にも強烈なインパクトがある。

店内の大半が立ち席で、メニューは「ほぼ」ステーキだけである。若干のサイドメニューもあるが、この店には「今日はガッツリと肉を食うぞ」というお客さんが集まる。高級レストランのコース料理では、前菜やパスタなどがまず運ばれ、最後にメインのステーキが出される。この順番は消化によいなど、セオリーに適《かな》っている。しかし、ステーキが運ばれた時にはお腹が膨れてしまうことが多い。これでは、せっかくのステーキが美味しく食べられず、台なしになりかねない。

一瀬のこだわりは「肉」である。「美味しい肉を、美味しく食べてもらいたい」。だからこそ、「余分な料理を省《はぶ》いて、最初からいきなりステーキを味わってもらう」というセオリー外の発想が生まれ、『いきなり！ステーキ』というネーミングに落ち着いた。

店の佇《たたず》まいはファーストフード風であるが、出てくる料理は高級ステーキ店と遜色がない。内装やスペースにお金をかけず、料理に集中投資である。

お客さんは、まず店内のカウンターで、ヒレ、リブ、ロースといった肉の種類とグラム数を指定して注文する。店員が巨大な肉のブロックを注文量だけ切り取って皿に盛り、「これでよろしいでしょうか?」と見せてくれる。300gの肉が焼く前にはこんなに巨大なのかと驚いてしまう。

焼く前の肉を見せてもらえれば、本物の肉だとわかる。お客さんは、ファミレスなどで出される安い成型肉(形成肉)でないのだ、と納得、安心する。この量り売りには実は繊細な技術を要する。切り出した肉のグラム数に応じて値段を計算するが、指定したグラム数と切り取られた肉の重さが大きく違えば、クレームになりかねない。誤差を小さくするには、それなりの腕前が必要だ。それゆえ、量り売りを断念したステーキ店もある。一瀬は、量り売りを「隠れた参入障壁」と呼んでいる。

『いきなり!ステーキ』のメニューは見た目のインパクトが強いだけでなく、値段のお得感が大きいことに価値がある。店頭にグラムあたりの肉の値段が表示されているが、肉質によって6円から15円くらいで設定されている。スーパーで慣れている「100gいくら」という表示に変換すると、100gあたり600円から1500円になる。「法外に高い」とは思わない価格である。

たとえば、リブロースは1グラム7円なので、500gの巨大なステーキを注文しても、3500円（税抜き）で済む。ランチタイムには、ワイルドステーキという300gで1350円の格安メニューもある。ひとりあたり平均注文量はリブロース350g、ヒレ200g程度だが、なかには女性で500gも平らげるツワモノがいる。

▽現状にこだわらず新しい市場カテゴリーを開拓する

『いきなり！ステーキ』の発想の原点となったのは、一瀬が起業以来営業してきたレストラン『ステーキくに』の「半額セール」だ。セールの度《たび》にできる長蛇の列を見て、「高級店と遜色ない質のステーキを半額で出せば、お客さんは絶対に詰めかける」と一瀬は確信していた。

『いきなり！ステーキ』のメニューは高級ステーキ店と比べて遜色ないが、価格は圧倒的に安い。当然、高級店やファミレスと違った満足感を与えてくれる。つまり、このチェーンは、今まで市場に存在しなかった独自のカテゴリーを形成している。

質的に高いメニューを安価に提供すれば、お客さんが集まるのは当然と誰でも思う。しかし、それができないから外食業界は四苦八苦している。料理・サービスの質とコストはトレードオフなので、高級レストランか、庶民的な店のどちらかに集約されるはずである。そのどちらでもない中途半端な店は失敗することが多い。一瀬の会社も、高級店である『ステーキくに』と大衆店の『ペッパーランチ』という属性が異なったチェーン店を持っている。

▽「普通だったら店が潰れる」高い食材比率

「新カテゴリーで中途半端でない」とはどういうことか。

外食業界にとって最大の変動費（＝売上に連動する経費）は食材費なので、食材費率（売上に占める食材費の比率）がメニュー価格を左右する。外食業界の経営教科書を読むと、「食材費率はおおむね30％に抑えるべき」と書かれている。この場合、売上から食材費を引けばおおよそ7割の限界利益率となり、そこから、家賃、人件費、光熱費、宣伝広告費などの固定費を払って、残りが営業利益になる。

家電などと違って食材は売れ残りを在庫として抱えるわけにいかないので、売上が減少すると、もろに営業利益が減る。したがって、外食業界はメーカーより限界利益率を高く(=食材などの変動費を切り詰め)せざるを得ない。業界の教科書にも「料理の質にこだわって食材費を高くすると、たちまち経営危機に陥る」と書かれている。『ステーキくに』や『ペッパーランチ』の食材費率は35〜40%なので、業界標準よりは贅沢だが、これはセオリー内ギリギリの経費率だ。

ところが、『いきなり!ステーキ』の食材費率は、セオリーからとてつもなくかけ離れている。ここの食材費率は平均60%程度で、メニューによっては何と70%に達している。「食材費比率70%」は、仕入れ原価700円のステーキを1000円で販売するという意味だ。「これでは潰れる」と教科書に書かれている水準だ。

▽「あり得ないことの」原動力①──店舗スペースの有効活用

このような「あり得ないこと」を実現できた原動力は、「店舗スペースの有効活用」と「オペレーション革新」である。

店舗スペースの有効活用とは、1日の来店客数を極限まで増やすことである。具体的には、大半を立ち席にして一度に入店できる客数を増やし、お客が入れ替わる頻度（回転数）を上げる。こうすれば、店舗面積に対して1日あたりの客数を最大限にできる。

ここに、銀座1号店の開店前、実際に社内で使われた「収支シミュレーション」がある（27ページ参照）。シミュレーションによると、店内に収容できるのは50席、平日は8回転して1日400人の来店を見込む。日祝日は3～4回転の見込みだ。1日の売上は平日が100万円弱、日祝日が40万円強。しめて月間売上が約2400万円、営業利益が約450万円だ。

ただ、これは相当無謀な計画と言わざるを得ない。20坪の店であれば、月間売上は通常500万円、どんなに高く見積もっても1000万円が業界の常識だからだ。

シミュレーションどおりになるには、いつも行列が続いていなければならない。そんなにうまく行くだろうか？　業界のプロが『いきなり！ステーキ』の売上目標を聞けば、「そんなもんできるわけないやろ」と言うのが落ちだろう。また、顧客回転数を上げるといっても、ステーキは牛丼みたいに次々と出すことはできない。したがって、スペース有効活用といっても、ステーキには限界がある。シミュレーションの月間売上2400万円は驚異的な目標だった。

ところが、フタを開けると、銀座店の売上は、目標を25％も上回る月3020万円（2014年8月）に達した。現実は目標以上に驚異的だった。

▽「あり得ないことの」原動力②——オペレーション革新

スペース有効活用のためには常に行列が欲しいのだが、待ち時間が長いのは顧客にとってストレスである。そこで、短時間で大量に料理を提供できる「オペレーション革新」を実行しなければならない。「美味しい料理は時間がかかる」と言った瞬間、顧客満足度が下がる。

オペレーション革新の内容は、調理のプロセスに機械を導入して、シェフがステーキを焼く手間を減らし、時間あたりに仕上げる皿の数を増やすことである。この地道なプロセス作りが難しく、最大の参入障壁と一瀬は思っている。素人から見れば、ステーキ店は「単に肉を焼く」だけで、フレンチなどと比べてオペレーションが単純に見えるが、顧客満足度が高いステーキを出すことは全く別次元の問題である。それを実現するには膨大なチェック項目が考えられ、一瀬は愛用のｉＰａｄに思いつくことをすべて打ちこんだ。全部で44項目に上った（16ページ参照）。

オペレーション革新は後述するが、これまで一瀬が作り上げてきたステーキビジネスの蓄積があって初めて可能になった。ビジネスの蓄積とは、「肉の仕入れルート確保」、「熟練シェフの育成」、「モノ作りのサービスへの応用」、「知的財産の形成」である。これだけの要素が総合的に機能して初めてオペレーション革新が可能となるため、ライバルが真似することは難しい。

▽インターネット戦略は社長自ら考える

一瀬がｉＰａｄに記載したチェック項目は、肉の焼き方、メニュー構成、ホールスタッフの接客方法など、店舗運営マニュアルとして当たり前の項目が大半であるが、中には「おや」と思わせる項目もある。

「店内の音楽はビートルズ、ＪＡＺＺを主体とする」

「店で働く従業員は名札に出身地を記入する」

「店内で従業員とお客さんが一緒に写真を撮った場合、店のフェイスブックアカウントにお客さんの写真が載ることを了承していただく。問題ない場合はハガキ大の了承書に、その場でサインしてもらう」

「他社のスポーツジム会員カードと提携し、会員割引を用意する」

「お客さんに必ずステーキのグラム数を告げる。それ自体がメニューになる」

ビートルズやＪＡＺＺを好むのは主に50歳以上の世代だが、この世代の子供世代（10歳代後半から40歳代までの幅広い世代）も親の影響を受けてビートルズやＪＡＺＺが好きな人が少なくない。極めて広範な世代に受ける音楽を選定している。

また、チェック項目にはソーシャルネットワーク（ＳＮＳ）の活用方法も含まれている。近年、企業がフェイスブックやツイッターなどのＳＮＳを宣伝媒体として使うことは当たり前だが、実際には、ＳＮＳを見たこともない年配経営者が「うちもＳＮＳビジネスを何かやってみろ」と若手に「無茶ぶり」しているケースが少なくない。

そうした場合、命じられた担当者が一生懸命仕組み作りをしても、命じた方の経営者は理解不十分で、「やはりＳＮＳなんて商売の役に立たないな」などと結論づけてしまう結果を招くこともまた、少なくない。

しかし、一瀬は74歳という年齢にも関わらず、ＳＮＳをはじめ、ネット、ＰＣの活用、知識吸収にきわめて積極的である。最近では「ＰＣより使い勝手がよい」と、もっぱらｉＰａｄを愛用しており、スマホと合わせ、自在に使いこなしている。新店舗オープンの際は、自らフェイスブックに投稿もする。社内報『馬上行動』の原稿も、ｉＰａｄを使って執筆する。だから、一瀬の場合、前述したような「企画の立ち腐れ」は起こさない。

一瀬はインターネット戦略を若手任せにせず、自分で理解し、主導しているのだが、別に義務感からでなく「モノ」に対する好奇心がそうさせている。彼は根っからのシェフだが、「技術屋」の顔も持つ。子供の頃は母親が買ってくれたおもちゃを分解して、また組み立てることが好きだった。ここが、普通のシェフやレストラン経営者と違う。『ペッパーランチ』の「料理プロセス機械化」も自分で構想を作り、特許出願まで行った。最近、モノ作りのノウハウを使ってサービス業の低い生産性を改善する例が多いが、かなり前から彼は独自にそのプロセスを手がけていた。

▽「時代の追い風」を冷静に分析する

ただ、『いきなり！ステーキ』のアイディアは本当にうまく行くのか？　不安材料はいくらもあった。高級ステーキを半額で出せば、お客さんは大勢来るかもしれない。しかし、シミュレーションから少しでもずれれば、利益が出ない。利益率改善のために料理の質を落とせば、売上も伸び悩んでしまう。

不安はあったが、一瀬のアイディアにとって「時代の追い風」が存在した。店が狭く立ち食いでも、料理の質を上げるチェーンが顧客の支持を集めていたからだ。

「立ち食い」は、時間がない人が、そば、うどん、カレーなどで安く済ませるものというのが定番イメージだったが、２０１１年以降それが変わりつつあった。たとえば、『俺のイタリアン』『俺のフレンチ』『ＵＯＫＩＮ』など、立ち席ながら高級店と遜色ない質の料理を食べさせる外食チェーンの業績が伸びていた。これらが一瀬にとって追い風だった。

「立ち食いで高級ステーキを食べる」という一見矛盾しているコンセプトも、顧客に喜んで受け入れられるだろうと一瀬は考えた。

『「俺の」シリーズ』運営会社『俺の株式会社』は、古本販売チェーン『ブックオフ』の創業者として有名な坂本孝《さかもとたかし》氏によって立ち上げられた。パスタやピザはファミレスで手頃な値段で食べることができるが、『「俺の」シリーズ』は高級レストランと同じようなメニューを安く提供する。顧客にとって大きな付加価値である。

東京には、ミシュランから星をもらっているレストランの数が世界一多い。その数は美食の本家パリをも凌《しの》いでおり、必然的に、世界レベルのシェフが大勢いる。ただ、高級店といっても、やたら値段を高くすればお客さんが来なくなるから、食材費を削るのは大衆店と同様である。つまり、高級店のシェフといっても自分が作りたい料理を必ずしも作れない。思い悩んだ彼らは独立をめざすが、それも簡単には行かない。腕がよいシェフが優《すぐ》れた経営者になるとは限らないからだ。

『俺の株式会社』は、食材費を贅沢に使えるようにして、現状に満足していない優秀なシェフ達をスカウトした。食材費率は60～70%までオーケーで、しかも、シェフは自分で経営リスクを負わなくてよい。彼らにとって夢のような境遇だ。お客さんはミシュラン星付きレストランの料理を、半額以下で食べることができる。値段を安くできるカラクリは、やはり立ち席と高い顧客回転率の組み合わせである。彼らはお客さんに驚きを与え、店舗では長い行列ができ、社会現象となっていた。

『「俺の」シリーズ』が開拓した市場は、高級レストラン、ファミレス、ファーストフードのいずれでもない新しいカテゴリーだ。彼らは業界にインパクトを与え、追随する店が増えつつあった。『いきなり！ステーキ』が比較的すんなり受け入れられたのは、消費者が、すでに同様のコンセプトに慣れていたことが一因だった。

▽自身の成功体験を見つめ直す

また、一瀬自身の成功体験が自信を与えた。

1994年7月、神奈川県大船に『ペッパーランチ』1号店をオープンしたときの体験である。当時も、お客さんがどれだけ来るか読めなかった。そこで、オープン初日、思いきって半額セールを敢行した。700～800円のメニューを一律半額にしたのだ。効果絶大だった。長い行列ができ、いつまで経ってもとだえない。レジを締めると、何と1日で500人のお客さんが来店していた。全18席の狭い店だったので、

５００人は30回転弱である。ひとり平均滞在時間が20分としても、10時間ずっと満員が続いたことになる。驚異的な状態だ。

５００人分の料理を提供するには、普通、ホールに３〜４人、調理場に３人は必要だが、その日の要員は、洗い場とホールにひとりずつ、調理場は一瀬ひとりだけだった。一瀬は閉店後、帰途のタクシー内で興奮して、運転手にその日の「戦果」をしゃべり続けた。運転席のヘッドレストを握りしめ、熱をこめて語り続けた。

この時の成功体験が強烈なので、一瀬は「高級店と同じレベルのステーキを半額で出す」というコンセプトに自信を持っていた。加えて、ステーキの価値を理解してくれるお客さんは大勢いるはずだと考えた。ステーキのコスパは、フレンチやイタリアンより分かりやすい。『ペッパーランチ』１号店の大成功と同じ現象が、『いきなり！ステーキ』でも起きるはずと彼は信じていた。

▽状況次第で、生命線の「オール立ち席」にもこだわらない

かくして２０１３年12月５日、銀座４丁目に、『いきなり！ステーキ』１号店がオー

プンした。実際にオープンすると、事前のシミュレーションと違う現象が起きた。予想した客単価は3000円、ひとりあたり店内滞在時間1時間だったが、蓋を開けてみると、客単価は2000円、店内滞在時間は30分だった。お客さんはステーキ以外のサイドメニューをあまり注文しなかったので客単価は想定より低くなったが、そのぶん早めに席を空けてくれた。結果的に、時間あたり売上は予想を上回った。

店舗スペースの効率利用のためには立ち席が大前提だが、あくまで「立ち席」にこだわる必要はなかった。出店する地域によって顧客属性が違うため、客層に合わせて店のレイアウトを柔軟に変更した。

たとえば、都心のオフィス街は手早くランチを済ませたいお客さんが多いので、顧客回転のスピードを高めることが最優先となる。したがって、オール立ち席のレイアウトが顧客ニーズに合う。

これに対して住宅街の店舗では、お年寄りや家族連れが増えるので、オール立ち席では敬遠される。この場合は、顧客回転スピードを意識的に遅くした。椅子席をある程度用意して座りたい人に配慮し、予約も受け付けた。同時に、早く食事を済ませたい人は立ち席へ誘導して待ち時間を少なくする。立ち席を減らすと、『いきなり！ステーキ』の生命線である「スペース利用効率」が下がるが、実は悪いことばかりでない。住宅街でオール立ち席にこだわると、結果的に空席が目立ってしまう。そうなると、通りがかりのお客さんが入店を躊躇《ちゅうちょ》しがちだ。しかし、入口付近に椅子席を集めれば、人が入りやすい賑わいを作ることができる。

▽予想を超えた多くの女性客

顧客構成も予想外だった。『ペッパーランチ』では若い男性客が多いのだが、『いきなり！ステーキ』は客単価が高いので、顧客年齢層は上がると、一瀬は予想していた。年齢層は予想どおりだったが、意外だったのは、男女比である。なんと、女性客の比率が全体の30％に上ったのである。

立ち食いステーキ屋にそれだけ多くの女性が来るとは、一瀬も予想しなかった。女性客は30歳代が中心で、さらに年齢層が高い顧客も少なくなかった。オフィス街の30歳代～40歳代の女性は比較的自由になるお金が多く、海外旅行などで美味しい料理を理解している。彼女たちが「分厚いステーキ」の良き理解者となった。付け加えれば、この層は『「俺の」シリーズ』のターゲット顧客でもある。

グループではなく単独で来店する女性客が多いことも意外だった。一瀬いわく、「綺麗な格好した美人のお客さんがおひとりで来られますよ」。ラーメン屋や立ち食い蕎麦屋でも、最近は女性ひとり客が増えつつあるが、「ラーメン屋にひとりで入るのは勇気がいる」と感じる女性が多数派である。しかし、『いきなり！ステーキ』の女性客たちは明らかに違っていた。肉を食べることを「ファッション」としているタイプが含まれていた。

女性同士が堂々と分厚いステーキを食べる風潮はいつ頃からポピュラーになったのだろうか？　そういう女性は「肉食系女子」と呼ばれることが多い。

「肉食系女子」とは本来、比喩的表現として「恋愛に積極的な女性」を意味したのだが、文字どおり「好んで肉を食べる女子」という意味で使われるようになった。「肉食系女子」と「女子会」という言葉は、２００８年頃からウェブコラムや雑誌などで紹介される頻度が増えたが、「女子会で肉を食べる」ことのファッション化に大きく貢献しているといえよう。

▽突如到来した「肉ブーム」

さらに、「肉を食べることが健康とダイエットによい」という理論が、最近の「肉食ブーム」を加速させている。

女性は従来からダイエットに関心があるが、最近は中高年男性もダイエットにいそしんでいる。ダイエットの目的は、美容、健康維持、病気治療などだが、日本人のダイエットブームの歴史は結構長い。１９６０年代の「健康サンダル」、「やせ薬」などが最初と思われる。その後、「紅茶きのこ」「りんご」「寒天」「黒酢」などが流行《はや》り、２０００年代になると、急速に種類が増えた。「朝バナナ」「糖質オフ」「サバ缶」など数限りないダイエット法が流行っては消えるの繰り返しだった。

ダイエット法には、そもそも内容がいい加減なもの、怪しげな民間療法も含まれていた。結果として、偏食による栄養バランスの悪化、過激なカロリー制限による摂食障害などが起こった。これでは、短期間で体重を落としても、そのうちリバウンドして、健康にも悪い。

また、ダイエット法は医療系学会でも検証されておらず、医師や栄養士によって言うことがまちまちだった。「脂質は食べたらだめ」「肉は減らして、魚や野菜を中心に摂るべき」「カロリー制限さえ守れば健康になれる」「糖質制限をやり過ぎると身体に悪い」など、色々な主張がなされた。お互い矛盾する内容だが、いずれもデータの裏付けが乏しく、健康指導を受ける人達を混乱させて来たのが実状である。

▽「肉ひと筋」の経験によって「肉ブーム」に便乗する

ただ、根拠不明の論争にも決着が付きつつある。国際的な臨床医学雑誌において、「糖質制限が最も減量効果が大きい」ことがデータ分析によって明らかにされたのである。論文は、2007年の『JAMA』、2008年の『ニュー・イングランド・ジャーナル・オブ・メディシン』などに発表された。

論文によると、「糖質は制限するが総カロリーは制限しない」グループの減量効果が最も大きかったが、重要なことは、「脂質は制限しないが総カロリーは制限する」グループの減量効果も大きかったことだ。意外にも、従来はダイエットによいと信じられて来た「脂質も総カロリーも制限する」グループの減量効果が低いことが実証された。

論文の結論をまとめると、「総カロリー、タンパク質、脂質の計算をしなくても、糖質制限を行えば、血糖値や中性脂肪値が改善し、動脈硬化などのリスクが減る。ダイエットにも効果がある」ということになる。その後、糖尿病の食事療法ガイドラインも「糖質制限」が第一選択肢になった。日本の医療系学会では結論が出ていないが、糖質制限を評価する意見が強くなりつつある。

従来は「健康になりたければ肉ではなく魚や野菜を食べなさい。総カロリーも制限しなさい」がダイエットや健康法の常識だった。ところが、研究によると、糖質制限してバランスに配慮すれば、肉や油をたくさん食べてよいことになる。科学的な裏づけがあるので、従来の怪しいダイエット法と違う。今まで「肉」はダイエットの敵だったが、「長生きしたければ肉を食え」となった。

『いきなり！ステーキ』がオープンした時期は、糖質制限の効果を知る人が増え始めた頃と重なる。「肉ひと筋」の一瀬にとって、「肉ブーム」の到来は、千載一遇のビジネスチャンスである。

▽無謀なペースでも「面」を取りに行く

『いきなり！ステーキ』は、ペッパーフードサービス社にとって、『ペッパーランチ』（大衆的ステーキ店）、『ステーキくに』（高級ステーキ店）、『商品販売事業』に次ぐ、4番目の新事業分野である。ところが、新事業分野という呼称が似つかわしくない急成長を遂げ、短期間で会社の屋台骨を支えるまでになった。

『いきなり！ステーキ』の実質的なスタートは２０１４年である（1号店のオープンは２０１３年末）。２０１４年の『いきなり！ステーキ』事業の売上は年間19億４８７１万円、店舗数は30だった。２０１３年が実質ゼロだったので、これだけでも凄い数字である。その後、２０１５年末は店舗数が77に増え、売上は84億５３００万円まで伸びた。前年比何と４・34倍の急成長である。２年前は実質ゼロだった事業が、２０１５年に他の三事業合計売上を約２割も上回り、会社全体の売上を約１６２億円にまで押し上げた。

成熟産業の外食業界において、まったくの新規事業がここまで成長するのは珍しい。

アクセス数が増えれば等比級数的に成長するＩＴビジネスと違って、店舗開設、人材採用、育成といった「アナログ的作業」の比率が高い外食業界では、成長スピードは限られる。『いきなり！ステーキ』の成長はそれだけ驚異的である。

この快進撃によって、ペッパーフードサービス社は２０１４年から2年連続、全外食上場企業中、売上高前年比伸び率トップになった。フードビジネス総合研究所の調査によると、２００７年以降、２回以上伸び率トップとなったのは、一瀬の会社と、「１００業態１００店舗」の『(株)ダイヤモンドダイニング』の2社だけである。また、前年比50％以上伸びた経験がある企業は、この２社と『牛角』などを運営する『(株)アスラポート・ダイニング』、『丸亀製麺』の『(株) トリドール』、回転ずしなどの『(株) アトム』の、合計5社しかいない。前年比10～20％伸びる会社は、いくつかあるのだが、継続することが難しく、前年比50％以上の伸びは、ごくひと握りである。

政府統計によると、外食業の事業所は全国に40万箇所近くも存在する。その中で、上場している外食業は89社に過ぎない（２０１５年時点）。「外食業ピラミッド」の頂点に位置する上場企業グループのなかで、一瀬の会社は断トツの成長を遂げていることが分かる。これは驚くべきパフォーマンスである。

一瀬の会社の成長は、大半が『いきなり！ステーキ』出店の結果である。この2年半、尋常でないスピードの出店攻勢が行われた。さすがに、このペースは早すぎたかもしれないと、一瀬は反省している。スピードが早過ぎるための混乱も起きた。ただ、「立ち食い高級ステーキ」という従来存在しなかったカテゴリーの第一人者として認知されるためには、スピード出店で「面を取る」戦略が必要と感じている。「肉ひと筋」の自分だからこそ、「肉ブーム」の今はスピードを上げなければならない、そう一瀬は思っている。

これまでの『いきなり！ステーキ』の業績は、まさに成熟した外食業界の「奇跡」と呼ぶことができる。以前の主力事業だった『ペッパーランチ』は、後述するように過去いくつかの問題を抱え、そのため会社が苦境に追いこまれることもあった。一瀬がその危機から抜け出そうとするエネルギーが『いきなり！ステーキ』を生んだが、単なる根性や精神論ではなく、これまでの事業経験、知的財産を生かし、緻密に計算されたビジネスモデルが作られている。

第3章

Niku hitosuji de katsu

「危機」を切り抜けるサバイバル能力

【教訓】 危機を乗り越えるサバイバル例の方が成功例より学ぶことが多い

この章では、まず、一瀬がどのような家庭環境で育ち、それが彼の経営理念、サバイバル能力にどのような影響を与えたかを分析する。過去の他社成功例を学ぶより、危機をどのように乗りきったかを学ぶ方が有益であるが、一瀬こそサバイバル過程の最適な「教材」であることを示す。

※「植木理論」によってふだんから人や情報が集まる仕掛けをしておく。
※ビジネスは「再現性」に乏しいので、他社の過去成功例だけでなく失敗例を学ぶ。
※昨日の「強み」が今日の「弱み」に変わること、に備える。
※たとえ成功しても、自社を真似する競争相手が増えることと、市場から自社が「飽きられる」ことに備える。
※危機を迎えた時期は、とにかく「サバイバル」を最優先する。

▽「人生と経営の師」であった母親

一瀬邦夫は1942年に静岡で生まれたいわゆる「戦中派」である。そして、物心つかないうちに、人生の大半を過ごすことになる東京へ移った。終戦を迎えたのは疎開していた富士宮《ふじのみや》である。その後、4歳の時東京に戻り、高校生まで江戸川区小岩にある30坪の一軒家で母とふたりで暮らした。

一瀬の母・やゑは、2012年に98歳で大往生するまで、常に一瀬の「人生と経営の師」であり続けた。一瀬の話を聞くと、彼が母親の影響をいかに強く受けてきたかが分かる。

やゑは女手ひとつで一瀬を育て、高校まで卒業させた気丈な人だった。幼い一瀬を疎開地の親戚宅に預け、終戦後はひとりで東京へ働きに出た。その後、一瀬を東京に呼び寄せると、昼間の仕事や夜の内職をしながら、小唄、三味線の修行を続けた。これらの芸事は趣味でなく、家計を楽にするためだったが、努力の甲斐あり『小都英』という名取になり、教室を開くまでになった。

ただ、やゑは気丈な性格ながら体が弱く、しばしば病気で寝こんだ。これが幼い一瀬には言いようもない恐怖を与えた。「母が死ねば、自分だけ置いて行かれ、ひとりぼっちになる」という思いがこみ上げ、じっとしていられなかった。昼休みにこっそり学校を抜け出し、母の昼食を作るため帰宅することもしばしばだった。

当時の彼は七輪で煮炊きをして料理をしたが、これが彼の料理の基礎を形成したことになる。母を看病するたび、「病気のお母さんをラクにしてあげたい」という気持ちがふつふつと湧いて、一瀬少年の起業志向を刺激するようになった。

▽無意識に養われた「経営者としての基本」

やゑは仕事で遅く帰宅すると、毎晩一瀬にその日あったことを語った。「今日、仕事場で一緒に働いた人とこんなやり取りがあったんだけど、邦夫、あなただったらどうする?」といった具合で、幼い彼に意見を求めることもあった。子供ながら一瀬は真剣に考えて母の問いに答えた。勿論まともな受け答えができたわけではないが、やゑは丁寧に応じてくれた。

側《はた》から見ると他愛ない親子の会話が、一瀬に物事の本質をじっくり考える習慣を作らせた。「体が弱い自分が息子に与えられることは、強い独立心ぐらいだ」と、やゑは考えた。当時の一瀬は母の意図など気づく由《よし》もなかったが、自分が経営者になって十数年経ったある日、ふと、母の気持ちが分かる瞬間が訪れた。

「あぁ、自分はお母さんの教えを無意識に守って会社経営をして来たんだな。毎晩色々なことを話してくれたのは、自分を一人前の男にするためだったんだ」

毎晩が一瀬にとって経営のレッスンだったことに気づかされた。現在、一瀬は、自分にとって「バイブル」である母の言葉を語録にまとめて、社員や取引先に渡すことまでしている。今の若手社員たちは、一瀬にとって息子や娘というより孫の世代の人が中心である。一瀬が若い社員とコミュニケーションをする上で、子供時代の母との会話は計り知れない影響を与えていると、彼は思っている。

一瀬は高校卒業後、浅草の洋食店『キッチンナポリ』でコック修業を始めた。

「邦夫、コックになるからには、日本で5本の指に入るコックになるのよ」

母やゑは、そう言って励ました。「今でも鮮烈に覚えています」と一瀬は、懐かしげに語る。やがて彼は、赤坂の『山王ホテル』に移り、ひたすら料理の腕を磨く。彼が人生を賭けて追い求めることになる「肉」に目覚めたのは、この修業時代である。「肉ほど美味しい食べ物はない。その肉のいちばん美味しい食べ方がステーキ」一瀬の行動の基軸になる信念だ。一貫して「肉」にこだわり、「肉」で勝負する、それが一瀬邦夫のビジネス人生である。

▽「独立自営」を促した母の教え

そんな彼に独立を勧め、最終的に背中を押したのも母だった。「邦夫、いつまでも人に使われていては埒《らち》が明かないよ」と彼女は言った。

1970年、27歳の一瀬は9年間勤めた山王ホテルを辞め、向島（東京都墨田区）に『キッチンくに』を開店した。

これは、まともな職がなくて自営業をするしかなかった戦後の話ではない。一瀬が独立した年は高度経済成長時代まっただ中で、日本中が大阪万博に沸いていた。地方の若者が集団就職列車で都会の大企業に集まっていた頃だ。当時の国内総生産（GDP）成長率は今と比べて格段に高く、終身雇用が当たり前だったので、若者が無理して独立をめざす必要はなかった。

ところが、やゑは一瀬に独立を促《うなが》した。当時、若者が起業するのは大変だったが、対照的に今は起業したい若者にとって恵まれた時代だ。若者は年寄りが理解できないITを操って差別化できるし、優れたアイディアがあれば巨額の投資資金が集まるようになった。しかし、一瀬が独立した1970年代は、「ベンチャーキャピタル」という言葉さえ存在しなかった。

起業には条件のいい時代でも、母親が「世の中これからどうなるか分からないから、堅い医者か公務員を目指しなさい」と子供に言い続ければ、その若者は起業を志すことはない。やゑのエピソードを聞くと、母親が子供の独立心に大きな影響を与えることが分かる。

▽「植木理論」：人は枯れた植木に水をやらない

幼い頃から母が語ってくれた人生訓のうち、一瀬が今でも大切にしている言葉がある。「人は枯れた植木に水をやらない」というものだ。人は自分が不幸に巻きこまれたくないから、不幸を語る人に近寄りたくない。したがって、「人前で自分の不幸を語るのはやめなさい」というのがやゑの教えだった。

この教えは「人は青々とした植木ならたっぷり水をくれる」という、コインの反対側の解釈もできる。後年、経営者になって次々と危機が襲ってきた時、一瀬が真っ先に思い浮かべたのは、この「植木理論」だった。

危機の時だけではない。『いきなり！ステーキ』をオープンするや、一瀬は経営のセオリーでは考えられない猛烈な勢いでスタートダッシュをかけた。最初の2年間で77店舗もオープンした。新業態であれば、少数の店でオペレーションがうまく回ることを確認してから本格攻勢をかけるのが通常だ。食材調達、従業員シフト、調理、ホールサービスなどで、どんなトラブルが起きるか分からない。初期段階で失敗すると、構想自体が瓦解しかねない。

しかし、一瀬はセオリー外の行動を取る。じっくりと店舗展開したのでは、「そのうち枯木になる」と周囲はみなし、水をやる気にならないと思うからだ。『いきなり！ステーキ』の出店攻勢について彼は次のように語った。

「他社が真似できないスピードで出店すれば、取引先、銀行、投資家、マスコミ、みながら注目してくれます。青々とした植木に水をやりたい人が集まり、そういう場所ならぜひ働きたいと大勢の人が手を挙げるんです」

▽「経営者」一瀬邦夫の軌跡

サバイバルの話に移る前に、経営者として一瀬はどんな人生を送ってきたのか振り返ってみよう。

一瀬が27歳で独立して向島に『キッチンくに』を開業したのは既に述べた。「美味しい肉を、美味しく食べてもらいたい」、それが開業当初から今にいたるまで一瀬の一貫した思いである。彼が自分のことを「シェフ」ではなく「コック」と呼ぶのも、職人としての誇りを示すものである。この頃の一瀬は、料理と自分の店のことだけに没頭しており、「レストランのオーナー」ではあっても、まだ「経営者」ではなかった。

やがて、順調に顧客が集まり店が軌道に乗ると、一瀬は従業員を育てることを自分の責務と考えるようになった。大半の従業員は「いつかは自分の店を持ちたい」と考えている。そこで、一瀬は新しく店を出し、それを自分の弟子たちに任せようと決意した。

　この時、彼はレストランオーナーから「経営者」に変わらざるを得なくなった。経営者として彼がまずめざしたのは、自分たちのサービスを広く知ってもらうことである。そのためには、直営のレストランだけでは不十分ではないか。あれこれ調べて、彼は「フランチャイズチェーン（ＦＣ）方式」に出会った。ＦＣ方式は飲食業で多店舗化を図る場合の常套《じょうとう》手段だが、ほとんど知識のなかった一瀬は、あちこちの勉強会や研修会に出席し、ＦＣ方式を学んだ。

　しかし研究した結果、ＦＣ方式で『ステーキくに』を広めるのは難しいという結論になった。ＦＣを採用すると、自分の弟子でない第三者がステーキを焼くことになり、メニューの品質管理も任せなければならない。一瀬が考える美味しいステーキを焼くには、熟練シェフが不可欠である。しかしシェフとなる人材を発掘して、技術を教えて育てることは、ＦＣにとって容易でない。一瀬が長年かけて積み上げたノウハウは、簡単にマニュアル化できないからだ。

　この問題の解決策のひとつが「セントラルキッチン（ＳＫ）」である。ファミリーレストラン（ファミレス）は、ＳＫの導入によって多店舗化を実現している。ＳＫでは、肉、魚、野菜を素材に、小分けした調理用パックを大量生産する。食品メーカーが食材を工場のラインで加工生産することと似ている。SKで作られた調理用パックは各店舗に配送され、スタッフはパックを温めるだけで顧客に提供できる。この方法であれば、熟練シェフがいなくても、アルバイト中心で店を切り盛りできる。浮いたシェフの人件費は、SKの技術革新に回せばよい。

しかし、SKでは、美味しいステーキを出すことはできないと一瀬は考えた。冷凍物は必ず味が落ちる。彼が求める料理は、熟練シェフが、肉の熟成度を見極めて焼き具合を調整しなければ実現できない。ただ、シェフを簡単に育てることはできない。そこで一瀬は、「熟練シェフの技法を再現できるシステム」を作ればよいという結論に至った。「機械化によるオペレーションの革新」だった。

一瀬は、後述する電磁調理器と特殊鉄皿の組み合わせによって「熟練シェフの技法の再現」を可能にした。特筆すべきは、機械・器具の開発を一瀬自らが行ったことである。料理のプロセスを熟知した一瀬がどっぷりとモノ作りに関わり、自分のノウハウを注ぎこんだからこそ、熟練シェフの技法を再現できた。

こうして作ったシステムをベースに、FC方式採用を可能にしたのが、『ペッパーランチ』チェーンである。新たな挑戦の時点で、一瀬は51歳になっていた。1号店の初日半額セールが記録的な行列（48ページ）となり、彼は自信を深めた。紆余曲折はあったが、店舗数は増えつづけ、2015年末時点で352店である。今ではアジア市場で最も知名度が高い日本外食チェーンのひとつとなった。

事業の大規模化に応じて、一瀬の挑戦は続いた。64歳で自社の新規株式公開（IPO）を達成した。子会社の上場を除けば、一瀬は創業社長の「IPO最年長記録」を保有しており、現在も破られていない。上場後の2013年暮れには、『いきなり！ステーキ』という成熟産業の常識を破るビジネスを創出し、現在も急成長中である。

▽「ジェットコースター経営者人生」をサバイバルできた理由

このように書いていくと、一瀬がいかに成功を続けたが本書のテーマと思われそうだが、もちろん違う。華やかに成功していると見える経営者でも、成功の前に必ず危機を経験している。一度ならず二度三度と「危機」と「成功」をくり返す人もいる。

一瀬はまさにその、危機↓成功↓危機↓成功のサイクルを見事に体現している経営者だ。いかに危機を生き延びたかの貴重な分析対象である。彼は、なぜ何度も危機をはね返せたのか。その理由はふたつある。

ひとつ目は、一瀬には45年以上という長い経営者キャリアがあり、ぽっと出の若い成功者とは違うということだ。しかも、彼は齢《よわい》70代に突入した今でも、新しいことへの挑戦をやめない。

ふたつ目は、一瀬の危機と成功の変わり目が極めてドラスティックで、「ジェットコースター的」であるため、時間の経過とともに危機の乗りきり方に熟練度が増して来たことだ。繰り返し襲ってくる危機をどうやって乗り切り、次に訪れる成功まで耐えてきたのか。その歴史は示唆に富む。

一般的に起業や挑戦は若い時に行うのがよいとされる。若者は、経験は足りないかもしれないが、体力があり、失敗してもリカバリーの時間が残されている。「彼も年をとったから、若い時と違って挑戦する意欲が失《う》せたな」と言われるのは一般論として当たっており、老いという人間のメカニズムがそうさせる。ところが、一瀬は、年配者が持つ豊富な経験と、若者が持つ挑戦意欲の両方を備えている点が興味深い。

45年間の経営者キャリアにおいて、一瀬は常に成長をめざし悪戦苦闘してきた。業界の「風雲児」が、ある程度年齢を重ねると保守的に変わることは珍しくないが、彼は70歳代半ばの今でも変わらず成長のための挑戦を続けている。

しかし、既に触れたように、彼の経営者キャリアは、ジェットコースターのように成功と危機の繰り返しとしか表現できない。彼が経営者として傑出しているのは、「危機」に陥る度にしぶとくサバイバルし次の「成功」へとつなげてきた点にある。

▽過去の成功例に学んでもあまり意味がない

一瀬がサバイバルを続けた歴史を筆者が追うのは、「成功者が成功した歴史」に学んでもあまり意味がないためである。

ビジネスで成功している経営者については、「その人が、なぜ、どのように成功したか」というストーリーで語られることが多い。成功者のやり方に学べば、自分も似たような成功を手に入れられると期待するからである。ところが、現実は、成功者の行ったことを真似ても同じような成功をつかむことは難しい。

たとえば、SNS広告で成功している企業を真似ればある程度うまく行くかもしれないが、多くは二番煎じに過ぎず、長続きしない。既存の携帯端末より安い製品を開発すれば当初は売れるかもしれないが、さらに安い製品が出れば終わりである。市場で一番売れているソフトウエアを真似て安い製品を開発しても、顧客は簡単に使ってくれない。ソフトウエアを他社製に変えると、品質が良くても不都合を起こしやすいからだ。いわゆる「スイッチングコストが高い」商品である。

過去の成功例を真似てもあまり効果が上がらない理由はふたつある。ひとつは成功例に再現性が乏しいため。ふたつ目はビジネスが常に変化する「市場」で成り立っているためである。

ビジネスは自然現象と違って再現性に乏しい。ビジネスは「ヒト」「モノ」「カネ」という、再現性に乏しい3つの要素が関わっている。この3つが絡む「正しいビジネス」という正解は、多項式因数分解を解いてもなかなか得られない。

まず、「ヒト」である。経営者という事業リーダーが替われば、その人が過去のリーダーとまったく同一の行動を取ることはあり得ない。リーダーに限らず、現場の担当者が変われば、そこに差異が生じる。組織に関わる人数が増えれば、差異はどんどん大きくなる。

次に、製品、サービスなどの「モノ」は、ひとたび世の中に出れば誰もがその情報を知ることになる。したがって、後から同じモノを作っても過去と同じ付加価値は生まない。

3番目の「カネ」は、ヒトとモノを機能させるための要素だが、ヒトとモノが変化すれば、必要なコストも変わる。

成功者を真似ても意味がないふたつ目の理由は、「市場」の存在である。市場は常に変化する。需要と供給、他社との競争、顧客が満足するサービスの水準、手に入る資源の質や量、情報を獲得するコストなど、市場を取り巻く環境は刻々と変わる。

ビジネスに再現性が乏しいという法則は、当然、外食業界にもあてはまる。一時は大成功を収めた企業が、市場の変化に伴って一転、経営不振にさえ陥る例は数多くある。以下、大成功しながら、成功状態を継続できなかった代表例として『すかいらーく』『ワタミ』『日本マクドナルド』を見ることにする。

▽経済のデフレ化に対応できなかった『すかいらーく』

『(株）すかいらーく』は、ファミリーレストラン（ファミレス）業界の草分け的存在だ。1号店のオープンは1970年。今でこそファミレスを知らない人はいないが、当時は社会的な信用はなく、胡散《うさん》くさい業界と思われていた。『すかいらーく』も例外でなかった。店舗用の建物をなかなか貸してもらえなかったので、更地の地主にファミレスが「建築協力金」を払ってビル建築費を立て替える「リースバック方式」によって、何とか店舗スペースを確保した。

創業してしばらくすると、時代の追い風が吹く。それまでの苦労が報われるように日本でもモータリゼーションが進み、郊外型のファミレスは急成長を遂げた。バブル景気がその成長をさらに後押しした。すかいらーく社は、勢いに乗って、コーヒーショップ『ジョナサン』、中華料理『バーミヤン』、和食『藍屋』など新業態を開発し、1993年には、グループ全体で1000店舗突破を実現した。

ただ、結果的に、この年がすかいらーくグループのピークとなった。バブル崩壊と経済のデフレ化の直撃を受けたのである。急速に店舗あたりの売上が減少し始めた。そこで、『すかいらーく』店舗の約60％を新業態の『ガスト』に転換、看板を変えると同時に客単価を引き下げて、客足の回復を狙った。

しかし、この戦略変化をもってしても、グループの衰退を止めることはできなかった。サービスやメニューの質が低下して、さらに顧客離れが起きたのだ。業績悪化が止まらず、大幅なリストラが断行された。2006年にMBO（創業家による非上場化）が行われ、ファンドが大株主になって、2014年に再上場を果たした。財務が筋肉質になって業績回復したが、それは大がかりな「外科手術」の賜物《たまもの》で、昔のすかいらーく社とは違った企業になった。

すかいらーく社はデフレ経済に対応しようと価格を下げたが、それまでの「料理やサービスが良質」という強みが逆に弱みとなった。値下げすれば本来サービス低下はやむを得ないが、すかいらーく社の場合、元の強みが仇《あだ》となり、「サービス低下が著しい」とみなされ、顧客離れを招く結果となった。

▽自社の真似をする競争相手と「市場の飽き」に負けた『ワタミ』

経済のデフレ化にうまく対応できなかったのが、すかいらーく社ならば、その頃デフレを味方につけたのが『ワタミ（株）』だった。デフレ経済初期の1994年に、同社は『和民』1号店をオープンさせた。『和民』の強みは、『すかいらーく』のような「既存イメージ」がなかったことである。

まだ知名度が低かったワタミ社は、居酒屋とファミレスをミックスさせた「居食」という新業態を打ち出した。当時のファミレスに飽きていた顧客にとって、居酒屋風メニューを安く提供する『和民』は新鮮に映った。『すかいらーく』との違いは、コストを削減したメニューを出しても、『和民』に既存のイメージがなく「サービスが低下した」と思われなかったことである。

その後ワタミグループは増収を続け、2015年には1553億円に達した。ただ、2003年を境に多角化が進み、外食以外に、宅食、介護、海外外食を手掛けるようになった。企業グループとしては成長を続けたが、外食事業に限ると近年苦戦を強いられている。2008年の約923億円をピークに、国内外食部門の売上は7年間で35%も減少した。2015年の部門売上はグループ全体の約4割に過ぎない。

ワタミ業績悪化の原因は、居酒屋メニューをまんべんなく、安く提供するという「強み」が飽きられたことだ。『和民』のスタイルを真似た競合店が増えたうえ、メニューを絞った新業態の居酒屋に顧客が流れた結果、ワタミ社の外食事業は低迷した。さらに、業績回復を狙って、値上げ・値下げをくり返して「迷走」したことも状況を悪化させた。

２００８年から下り坂に入っていたワタミ社の外食にさらなる打撃を与えたのが「ブラック企業」のレッテルだ。同社は、２０１２年から2年連続で「ブラック企業大賞」にノミネートされた。これで決定的に企業イメージが悪くなり、バイト離れと顧客離れを招いた。

▽従来の「強み」が「弱み」になってしまった『日本マクドナルド』

デフレ経済「勝ち組」のもうひとつの例が『日本マクドナルド（株）』（マック）である。同社はデフレに合わせた安値攻勢を行い、ファーストフード業界に価格破壊を起こした。１９９４年に「エブリデイロープライス」の『バリューセット』を皮切りに、「平日半額（60円）バーガー」という思い切ったメニューを出した。１９９５年には1ドル80円の超円高が訪れ、思い切った価格破壊が可能となり、外食業界でマックは断トツの存在になった。価格破壊は牛丼業界などにも広がり、『吉野家』は、並牛丼を1杯280円まで値下げした。

『マック』も『すかいらーく』のようにデフレ経済に対応して値下げしたが、それがサービス低下を招いたとは顧客に受け取られなかった。もともと、ファミレスとファーストフードでは、顧客が期待するサービスの質が違う。ファーストフードの場合、味だけでなく「待ち時間が短い」ことが付加価値であり、それは効率化の徹底によって実現できた。結果として、『すかいらーく』のように、「値段だけでなくサービスも落ちた」と思われずに済んだ。

ところが、「デフレ時代の勝ち組」と呼ばれた成功が、結果的に『マック』のアキレス腱となった。安値攻勢を始めた当初は、顧客に驚きを与えたが、成功が大き過ぎたがゆえに「ハンバーガーは安物」というイメージが定着してしまった。

1個60円のハンバーガーは競合他社を駆逐するには十分だったが、適正な利益を出そうと100円に値上げすれば、「大幅値上げ」をしたと思われてしまう。「1個100円」でも十分に安いはずだが、直前の値下げの印象が強かったのが仇となった。過去の成功要因が自分の首を絞めてしまった。タイミング悪く超円高が終わり、2002年には1ドル140円台の円安になった。売上低迷と円安による食材コスト増のダブルパンチで、マックの利益は圧迫された。

同社がシステムワイドセールス（直営店とフランチャイズ店の合計売上高）と呼ぶ数字は２００１年、４３８９億円に達した。この数字は当時の日本外食業界では断トツだったが、前期比1・8％増に過ぎず、伸び悩みが始まっていた。そこで、『マック』はメニューを変えて単価を上げた。横這いが続いていたシステムワイドセールスは、営業努力の甲斐もあり２０１０年に５４２７億円まで伸びた。ところが、そこがピークとなり、４年間で17・９％減少した。直営店の売上高はそれよりも早く２００７年にピークを打ち、７年間で39・６％も減った。

２０１５年の異物混入事件が『マック』のブランドを傷つけたが、事業自体はその8年前からピークアウトしていた。『マック』は自社の強みだった「低価格戦略」によって、自分の手足を縛られて戦略変更がままならず、それが弱みに転じた。

『すかいらーく』、『和民』、『マック』は、事業のピーク時に、それまでの成功要因が逆に失敗要因に転じた例である。３社ともある時点までは顕著な成功例だったが、成功が大きかったために、市場の変化にうまく対応ができなかったこと、かつての「強み」が鮮明なイメージとして残っていたため、消費者に「飽きられる」結果を招いたことも共通している。

▽危機を迎えたら、サバイバルが最優先となる

以上見てきたとおり、市場は常に変化しているので、他人の成功例を真似ても必ずしも効果があるわけではない。成功している事業でも、市場の変化やユーザーの飽きによって失敗の時期が早晩訪れる。それを完全に回避することは難しい。失敗の時期が来たら、そこを生き延びて、次の成功を待つことが唯一の対処法だ。

短期間でも成功した時期があれば、まだよい。たとえ素晴らしい商品でも、顧客は簡単には受け入れてくれない。『すかいらーく』は、ファミレス業界がまだ世間に認知されていなかったことで苦労した。いくらメニューやサービスが良くても、ファミレス自体がいかがわしいと思われていれば、伝わらない。ワタミが創業した頃は業界の認知は上がっていても競争が激化した。いくら『和民』のメニューが優れていても、差別化の要因が理解されるのは簡単でなかった。今は成功している事業でも、スタート当初は失敗続きが通常だ。

創業間もないため世間の認知度が低い時期、市場環境が変わって不遇に転じた時期、このような危機を生き延びないと、次の成功に辿り着くことはできない。最終的に成功したければ、とにかくサバイバルを優先して、細々でも事業を継続することだ。不遇の時期をサバイバルすることが、事業成功の絶対条件である。

▽「5回の危機」が生んだ『いきなり！ステーキ』

一瀬の経営者人生こそ、サバイバルを優先させて危機を乗り越えて来た好例である。彼は大きく5回の危機を乗り越えて来た。それぞれの「危機」は後で詳しく分析するが、まず一瀬はどのような危機を乗りきって来たのか、ひととおり見ていこう。

最初の危機は、独立して興《おこ》した『ステーキくに』を多店舗化する過程で起きた。新しい店をオープンする度、銀行からの借金が増え、やがて資金繰りのめどが立たなくなった。時を同じくして、従業員たちの待遇改善を求める集団辞職宣言が起きてしまった。一瀬が倒産まで覚悟した最初の危機である。

経営不振と社員の離反という内からの危機は、率直に自分の経営者としての覚悟を従業員に示し、何とか乗りきった。

ほっとひと息ついたところ、今度は外部から黒船がやってきた。1991年の牛肉輸入自由化を契機に、当時、大手スーパーのダイエー傘下にあった『フォルクス』が、「ステーキは高い」という固定概念を壊す格安メニューの提供を始めた。大手チェーンの価格は一瀬の店より安かった。このままでは、ブランド、資金を備えた大手に駆逐されてしまう。

この危機を乗りきるために一瀬が考案したのが機械化システムを利用した『ペッパーランチ』である。肉の質を落として価格競争しても大手チェーンの資金力には太刀打《たちう》ちできない。何より一瀬は「美味しくない肉」を提供する気などなかった。だから、オペレーション革新によって、大手が提供できない価値を実現しようとした。

こうして第2の危機を乗り切り、『ペッパーランチ』を軌道に乗せた一瀬だったが、次は経営努力ではどうにもできない深刻な第3の危機が襲ってきた。

2001年、国内で初めてBSE（狂牛病）に感染した肉牛が確認された。ヨーロッパで最初に確認されたBSEが日本にも飛び火した。多くの企業は慌てて米国からの牛肉輸入を増やして対処したが、2年後には米国でもBSE感染牛が確認され、米国からの輸入もストップした。

この危機は、BSE流行以前から、肉の調達先の多様化に取り組んでいた一瀬の慧《けい》眼《がん》と「牛肉にこだわる」という決断が幸いして乗り越えることができた。

第4の危機は、思いもかけぬところから襲来した。食材の仕入れ先、委託経営店などパートナーだった取引企業が深刻なトラブルを起こしたのである。

2007年、『ペッパーランチ』の委託経営店の店長と従業員が、顧客の女性を暴行するという事件が起きた。加害者は一瀬の会社の従業員ではなかったが、『ペッパーランチ』の看板を掲げた店で起きた事件だ。責任を問われ厳しく批判され、会社の業績に影響を与えた。

暴行事件の後は2009年、今度は仕入れ先が原因となって打撃を受けた。仕入れた牛肉が病原菌O157に汚染されており、店舗で食中毒事件が起きた。一瀬たちはすぐに問題が起きた店を閉めて、被害者への謝罪と原因究明、再発防止に努めた。

取引先が原因のトラブルは厄介である。パートナー企業を完全にコントロールすることはできない。しかし、問題が起きれば自社の責任を免《まぬが》れることはできない。

第5の危機は、デフレ経済の終わりとともに起きた外食業界の構造変化である。

長く続いたデフレ経済は、外食業界を「安値を売り物」にする業界にした。だが2012年、長く続いた円高と株安が終わり、デフレ経済が底打ちすると状況が変わった。景気回復とともに、顧客は単なる「格安」メニューでは満足しなくなった。同時に、デフレでは豊富に調達できた労働力が不足し、業界の構造が変わり始めた。

変化に対応するには、顧客が驚くようなサービス、価値を提供しなければならない。「肉ひと筋」の自分たちにできることは何か。そう何度も自問して踏みきって勝負に出たのが『いきなり！ステーキ』である。

一瀬は、この構想は「行ける」と確信していた。ところが、ここまで爆発的に伸びるとは正直思っていなかった。成熟している外食産業において『いきなり！ステーキ』が成し遂げた短期間の成長は「奇跡」と呼べる。そして、この新事業が一瀬の会社の負の遺産を一掃し、財務を強固にした。

一瀬の一見華やかな経営者キャリアは、成功の前に必ずあった危機を乗りきることで成り立っている。それこそが彼の「真の姿」である。

次章から、一瀬が直面した5つの「危機」とそれをどう克服して「成功」を導きだしたか、見ていこう。

『キッチンくに』
開業当時の一瀬
邦夫氏。

独立後10年、
初めて持った
自社ビル。

第4章

Niku hitosuji de katsu

第一の「危機」――多店舗化失敗と集団辞職

【教訓】 事業拡大による危機を招いた背景とサバイバル

本章では、一瀬が独立後に興して順調だった『キッチンくに』を多店舗化する過程で、従業員集団離反という危機を招いた要因と、彼がその危機にどのように対処したかを記す。

※「顧客満足」と「従業員の夢」を中途半端にハカリにかけない。
※商品の質に妥協して、経営のバランスを崩してはならない。
※技術・ノウハウ伝承の仕組みを構築しなければ、安易に多店舗化へ踏み切ってはならない。
※社長は従業員を大事にするべき。しかし、従業員が辞めることを恐れず、従業員から逃げてもいけない。
※時には「社長がすべて責任を取る」と開き直ることも必要である。
※「経営者としての自覚」は迫力をもって部下に伝えなければならない。

▽「職人」から「経営者」に脱皮しなければならない

1993年1月、一瀬邦夫50歳の時、顧問税理士が彼に最後通牒《つうちょう》を突きつけた。

「一瀬さん、来月キャッシュがなくなります。本当にこの会社潰れますよ」

その20余年前、彼が妻のアキ子《こ》と二人三脚で始めた『キッチンくに』、『ステーキくに』を計4店舗まで増やして、しばらく経った時のことだった。

通告は突然やってきたわけではなかった。1年近く前から毎月赤字を垂れ流しており、早晩、預金残高がゼロになることは見えていた。2年前に亡くなった妻アキ子の死亡保険金も会社の運転資金として消えていた。「あれは息子の学資として取っておくはずだったんだよな」一瀬は亡き妻と息子に申し訳ない気持ちでいっぱいになった。

「どこで俺の経営は間違ったんだろう?」

一瀬はそう自問した。

「ホテル出身のコックは店を潰すよ」――20余年前、山王ホテルのコックから独立した時に、ある人から言われた言葉を思い出した。「職人気質の料理人はホテル時代のメニューにこだわり、自分の店がある地域のニーズを理解しない」「厨房にずっといるコックには接客の技術がない」からだ、という意味だったが、一瀬は必死にお客さんのことを考えてきたという自負があった。

「キッチンにいても、常に『お客さんの口元を観察』しなければならない」

料理を出すだけでなく、料理人は顧客が自分のサービスに満足しているかを絶えず確かめねばならない。一瀬はそう自分に言い聞かせ、部下にも同じことを求めた。

27歳で独立し、裸一貫から始めて10年弱で自社ビルを築くまでになった。そこである種の達成感を覚えたことがいけなかったのか。

しかし、一瀬はなお納得できなかった。自分自身の「コック」としての情熱、料理への真摯な姿勢はいささかも変わっていないはずだ。

「自分はお客さんに満足していただける料理を作ってきた」

一瀬のその自信は揺らいでいなかった。

ただ、現実に戻ると、店は倒産寸前である。

▽「世の中にこんな美味しいものがあるのか」

時を１９６０年代に戻して、一瀬が社会人になって以降の歩みをふりかえってみる。一瀬は日の出学園高校を卒業後、東京都墨田区浅草にある『キッチンナポリ』という洋食店に就職した。高卒初任給３０００円の時代に、この店は１５０ｇで３５００円もするステーキを出していた。顧客の食べ残したステーキの切れ端を食べたのが、一瀬にとって生まれて初めての「ステーキ体験」だった。

「世の中こんなに美味しいものがあるのか」と感動したことが彼の「肉ひと筋人生」の原点となる。

『キッチンナポリ』に入店すると最初は皿洗いと出前持ちばかりで、意気揚々としていた一瀬少年は凹《へこ》んでしまう毎日だった。ただ、亡きオーナーに料理の基礎をきっちり仕こんでもらったことは感謝している。その後、東京都港区赤坂の旧『山王ホテル』に転職した。ここでは、米国流の合理的な調理法、最先端調理機器の使用法、ステーキを焼く基礎を徹底的に学んだ。社会人になって10年近く経った１９７０年、27

歳になった一瀬は独立を決意した。前述のとおり、母親の「人に使われるばかりではいけない」という言葉にも後押しされてである。

彼は、東京都墨田区向島に『キッチンくに』というレストランをオープンした。6坪12席の狭い店だったが、『キッチンナポリ』から調度品や調理器具を譲り受けて、希望に満ちた船出だった。

しかし、店の場所が悪かった。「立地調査」という言葉を当時の彼が知っていたら、絶対借りないような辺鄙《へんぴ》な場所に店を出してしまった。待っていてもお客さんはいっこうに来ない。困った一瀬は、人通りの多い場所でチラシを配って、出前を取ることにした。店頭にノボリを立て、出前バイクに宣伝用の旗をつけたりもした。職人としての誇りが高い彼にとっては不本意だったが、やむを得ない。しかし、当時としてはなかなか斬新なマーケティングだ。現在につながる、一瀬のアイデアマンとしての才能はこの頃から発揮されていた。

▽「本当に美味しい」と思われる料理を出さなければダメだ

「腕に自信がある職人は料理で勝負するべきだ」と彼は思っている。最初は豚カツや海老フライがメニューの中心だったが、当時としては贅沢品だったステーキで勝負したいと考えるようになった。今では「ステーキ」という言葉が当たり前だが、その頃は「ビフテキ」という呼び名が一般的だった。あえて馴染みの少ない「ステーキ」をメニュー名として採用したのは、その言葉が新しい時代を象徴していると思ったからだ。

しかし、美味しくて高級な料理を出せば、すぐお客さんが来てくれるわけではない。出前が売上の半分を占める下町の狭い店で、贅沢品のステーキを出すのはいかにも場違いだった。価格は600円（今の3000〜4000円に相当すると思われる）に抑えたが、お客さんはやはり来ない。余った肉を賄《まかな》いで食べるような毎日だった。

一瀬は考え、気づいた——自分は、「自分が本当に美味しいと思う肉」をお客さんに出していない。値段が高過ぎてもダメだが、肉の質を落として安値で妥協しては本末転倒、満足してもらえるはずがない。

「お客さんが本当に満足する料理を自分は作っているのか？」

一瀬は、原点に戻りやり直すことにした。まず、肉の仕入れ方法の吟味とステーキに合う最高のソース開発に没頭した。そして、ステーキを注文してもらうために、肉の塊《かたまり》をお客さんに見せて視覚に訴えた。お客さんがカウンターに座れば、目の前に焼く前の肉の塊を置いておく。注文がなければ、冷蔵庫に戻す。『いきなり！ステーキ』で、焼く前の肉塊をお客さんに見せるパフォーマンスの原点だ。

ある時、ジャンパー姿でアウディを運転するお客さんが来店した。彼は、3500円もするステーキを美味しそうに平らげ、しかも200gのヒレステーキを3人前もテイクアウトした。おまけに、週に2～3日も来て、一晩でアルバイト5人分の月給を賄える金額を使ってくれる。聞けば当時大流行していたボーリング関係の商売をしている人だった。高度経済成長の波に乗り、突然外食に金をかけ始めた客層の走りだろうか。一瀬にとって初めての「上得意」である。

一瀬の努力が実り、時代の変化にも後押しされて、『キッチンくに』の評判は上がり、お客さんも順調に増えていった。10年近くかけて、自社ビルを持つまでになった。

――さらにそれから10余年。一瀬は倒産の危機を迎えることになる。

▽メニューの質より「部下の夢」を優先した

問題は、「コック」一瀬ではなく、「経営者」一瀬にあった。

「どうすれば従業員が働いてくれるか」と考えることにエネルギーを奪われ、顧客満足度を上げることに気が回らなくなっていた。

自社ビルを建てた頃から、「従業員が長続きしない」という問題が一瀬を悩ませた。時間をかけて鍛え、やっと一人前になったと思った若者たちが次々と辞めていく。「辞めたい」という従業員たちは口々に言った――「これから俺、どうなるんだろうって思います」「ここで働き続けても夢が持てないんです」。

何度も聞くうちに、一瀬はようやくわかった。

「あいつらはこの店に夢を感じていないんだ。よし、店を増やして店長になる場を与えよう。そうなれば、一国一城の主《あるじ》になれるし、夢を与えられるに違いない」

その頃の一瀬は、自分で料理の仕上がりを確認しなければお客さんに出すことを許さない、ワンマンシェフだった。しかしある日、一瀬が指にけがをして40日間入院せねばならなくなる。その際、妻と従業員たちが懇願するので、自分不在のまま店を任せることにした。退院して店に戻った一瀬は目をみはった。従業員たちが生き生きと仕事をしており、見違えるほど成長していたのである。

それまで、彼は「多店舗化」など考えていなかった。自分がコントロールできない料理はお客さんに出したくなかったからだ。しかし、辞めていく従業員たちと自分抜きで伸び伸び働く従業員たちを見て、ついに多店舗化を決断する。

育てた従業員を店長に据え、支店を出した。店は4店舗にまで増えたが、そこで完全に行き詰まることになる。

理解と決断は間違っていなかったのだが、一瀬は多店舗化にあたって重要なことを見落としていた。

店舗が1軒なら、一瀬が料理の最終チェックをすればよい。だが支店を出すなら、店長も一瀬と同じレベルで料理をチェックできなければならない。その技術を伝えきれぬまま、一瀬は「部下のやる気を引き出す」という理由で店を任せてしまった。

▽部下の機嫌を取るようになってしまった

「技術伝承ができたから店を増やそう」ではなく、「店長を作りたいから店を増やそう」では、支店が本店と同じ質のサービスを提供できるはずがない。売上も思うように伸びず、赤字が続いた。

新規出店の資金も、運転資金も銀行に頼ったが、借金が膨れあがり、あっという間に億単位になった。さらに、一瀬と従業員の関係にもきしみが生じた。

支店を作ると、店長が懸命に働かなければオペレーションが崩壊する。一瀬のなかに「従業員たちに辞められたら困る」という思いが強くなった。これでは、一瀬が支店の問題に気づいても部下に指摘しづらくなる。両者の立場が逆転した。

一瀬が新規メニューを提案しても、従業員が「ルーティンの仕事を変えるのが面倒です」といった理由で反対する。そうなると一瀬は主張を押し通せず、新しいメニューをあきらめてしまった。

いつしか、一瀬は従業員の機嫌を取るようになった。酔って絡んでくる部下に、明け方まで付き合わされたこともある。社長なら「お前などクビだ」と一喝しそうなものだが、そうできないことを部下は見透かしていた。社内の宴会で乾杯の音頭をとっても、従業員に話しかけられるのが嫌で、そそくさと退散した。一瀬は言う。

「部下と酒を飲みながら話すことが『怖い』と思えるほど弱気になっていました」

今の強烈なトップダウン型マネジメントの一瀬からは想像もできない言葉だ。

▽「すべて俺が責任を取ればいい」という開き直り

このような状態では、銀行口座が空《から》っぽになる寸前まで追いつめられたのも当然だ。もともと、「従業員に夢を与えたい」と思って始めた多店舗化である。彼のエゴで事業拡張したわけではない。だが、部下たちは理解してくれない。経営者としての孤独さをいやというほど味わった。

その時の心境について一瀬は「ついに目が醒めました」と語る。彼にとって幸いだったのは、リングのコーナーまで追い込まれた時点で「絶対倒産するものか」と強烈なファイトが湧いたことである。

この窮地で一瀬が思い出したのは「ひとに使われるばかりでは埒が明かない」という母やゑの言葉だった。

「俺はなぜつまらないことに悩んでいたんだ」まるで雷に打たれたように閃《ひらめ》いた。

「こんな苦労、経営者として当然じゃないか。要するにすべて俺が責任を取ればいいんだ」

彼は経営者として初めて開き直る覚悟ができた。

一瀬は、従業員の給与15～20％カットを含む再建策を一晩で練りあげ、翌日には主だった部下に説明して了承を得た。いや、「了承された」と彼は思った。

一瀬は、終業後の本店ホールに全社員を集めて再建策の説明を行った。ある社員が立ち上がり、叫んだ。

「社長、経営が傾いたのはあなたの責任だ。俺たちの給料を下げるなら、全員辞めますよ」

個別面談で、その社員は再建案を了承していた。続いて数名の社員が立ち上がって同調した。その中には飲み屋で明け方まで一瀬に絡んだ、例の社員も含まれていた。

一瀬は動じなかった。すでに気持ちの整理が終わり、腹が据わっていた。

「彼らは、『少々強く出ても社長は自分たちをクビにすることはできない』と思っているはずだ」と冷静に見てとった。

▽初めて「経営者」の自覚が生まれた瞬間

一瀬は一喝した。

「分かった。辞めたいやつは辞めろ。ドアを開けて出て行け」

それまでの一瀬からは予測できない反応である。従業員全員、凍りついた。

「この再建策を実行しなければ、来月会社は潰れる。いずれにせよ全員辞めるしかない。遅かれ早かれ辞めるのなら、今辞めて構わない。すぐ出て行ってくれ」

一瀬は決然と言い放った。内心では「ここまで言えば、何人かは出て行くだろう」と覚悟していた。ところが、意外にも誰も出て行こうとしなかった。しばしの沈黙が流れただけである。一瀬はその時を回想して語る。

「私に、ようやく初めて経営者としての自覚が生まれた瞬間でした」

一瀬は、一喝につづけて話した。大事なメッセージを伝えるためだ。

「僕が悪かった。人は叱られて成長するものなのに、僕はそれをやらなかった。みなさんが悪いのではなく、僕が悪いんだ。僕が勇気のない社長だったので、リーダー不在の組織になってしまった」

「これ以上従業員の要求を聞かない」と断固たる姿勢を見せながら、会社を窮状に追いこんだのは社長である自分だと率直に認めた。俯《うつむ》いている従業員たちに、「再建計画を呑んでくれるか?」と再度聞いたところ、みな無言で頷いた。

一瀬と、従業員たちの意識改革が成し遂げられた。再建計画が功を奏し、経営危機は数か月で脱することができた。従業員の給与も元の水準に戻り、一瀬と従業員たちは一丸となって次のステージに向かうこととなった。

▽何があっても従業員から逃げない

その後、メニューの変更などで反対する従業員がいても、一瀬は「俺の言うことを聞け」というタイプに変わった。リーダーとして人を率いるには、従業員の顔色を見て怖がっているようではいけない、と肝に銘じたのである。

また、この経験で従業員は多少きつく叱っても簡単には辞めないことを学んだ。

講演で必ず、「人は叱られて大きくなります。叱ってくれない社長は誰も尊敬しません」と一瀬は語る。

一瀬の「叱る」という行為は、「部下に自分の気持ちを伝える」コミュニケーション方法である。一瀬にとって、従業員とのコミュニケーションスタイルの原点は、「集団辞職事件」だ。一瀬は「何があっても従業員から逃げない」と思うようになった。

「あの経験以来、組織が大きくなっても特にマネジメントに困難を感じなくなりました」と彼は語る。

第5章

Niku hitosuji de katsu

第2の「危機」——大手資本への対抗と急ぎすぎた出店

【教訓】　事業拡大による危機を招いた背景とサバイバルⅡ

本章では、大手資本という「黒船」が低価格ステーキ市場に進出して訪れた危機、対抗した新規事業『ペッパーランチ』のイノベーションの過程、事業推進の失敗とそれから生まれた赤字体質、そして、危機にどのような対処したかを記す。

※直近の成功体験にこそ落とし穴がある。
※危機に「植木理論」が機能しなくても長期的には有効なことがある。
※経営者から社員へのメッセージはマルチチャンネルで繰り返し伝える努力をしなければならない。
※安値攻勢をかけて来るライバルに対しては「質」で対抗する。
※「機械でヒトを代替できない」と思われている分野にこそ、業務効率化の機会がある。
※「生産性の高いモノ作り」のノウハウを「生産性の低いサービス業」に応用する。
※直営店、ＦＣ店といった既存契約形態の「固定的な」分類を疑う。

▽華やかなパーティの裏にあった「危機」

1997年5月、東京都江東区にある『ホテルイースト21』の宴会場で、一瀬は盛大なレセプションを開いた。顧客、取引先、銀行、従業員など数百名を招いての大パーティである。

「いつも『ペッパーフードサービス』をご支援いただき、ありがとうございます。これからも頑張ります。今日はさらなる飛躍をめざす決起集会です。飲んで、食べて、みなさん歓談してください」

壇上の一瀬は紅潮した顔で出席者に語りかけた。

一瀬が初めてメジャービジネスとして市場に打って出た『ペッパーランチ』の1号店オープンから3年が経過していた。このパーティは『ペッパーランチ』の躍進を祝う盛大な会である――と、おそらく出席者の大半がそう思っていただろう。しかし、実は、「危機をはね返す必死」の決起集会だった。

▽内実は「火の車」だった『ペッパーランチ』

オープンから3年経った『ペッパーランチ』は、店舗数13店になっていた。表面上、成長していたが、内実は火の車だった。直営店の不振が深刻だった。

『ペッパーランチ』は、一瀬が初めて取り組んだフランチャイズチェーン（FC）ビジネスだった。FCで新しいビジネスを始める場合、まず直営店でノウハウを確立して、その後FC加盟企業を募って徐々に店舗数を増やすことがセオリーである。

ところが、一瀬は、セオリーに反して、1号店を直営店でなくFC店としてスタートした。当時は直営店を出す資金がなく、セオリー通りにやる余裕がなかったからである。

とはいえ、この方式はうまくいった。1号店を始め、初期のFC店はみな好調だった。そこで調子に乗って、直営店を短期間で10店舗も出したのがつまずきの基だった。直営店はすべて赤字に陥り、瞬《また》く間に経営は悪化した。

『ペッパーランチ』は、一瀬が『ステーキくに』を多店舗化して経営不振に陥った教訓から生まれたシステムである。多店舗化失敗の理由は、支店を任せられる「顧客の口元を観察できる」料理人の育成ができていなかったのに、新規出店を急いだためだ。

その失敗を基に、一瀬は「熟練シェフの料理手法」を機械化によって再現するシステムを考案した。システムの中核は「電磁調理器」と「特殊鉄皿」の組み合わせだ。彼は原型となる製品を探し、自ら改良を加えて特許申請まで行った。

『ペッパーランチ』の機械化システムは『ステーキくに』で経験した危機をヒントに生まれた。『ステーキくに』では、シェフの育成が間に合わず、ヒトの問題が業績不振につながった。機械化によってヒトの問題を解消し、コックが不要になるという意味で、一瀬は新しいシステムを「コックレス」と名づけた。

これで多店舗化は可能だ、そう思われた。

▽店をマネジメントする「リーダー」の不足

ところが、今回は『キッチンくに』と異なる「ヒト」の問題が危機を招いた。

『ペッパーランチ』の不振はシェフの不足ではなく、店をマネジメントする「リーダー不足」が要因だった。

店は厨房だけで成り立っているわけではない。ホールの接客、ホールと厨房の連携、そして、顧客に喜んでもらうトータルのオペレーションが重要である。いかにコックレスの仕組みを導入しても、それだけでは顧客満足度を上げることができない。そのための対策が不十分だった。ＦＣ加盟企業は『ペッパーランチ』の看板と仕組みを使うためのフィー（ロイヤリティ）を払うので、経営も真剣だった。しかし、直営店の店長たちは悪い意味で「サラリーマン的」で、ＦＣと比較してマネジメントの質が劣っていた。

また、「人は枯れ木には水をやらない」という「植木理論」にしたがってスタートダッシュをかけようと、短期間に10店舗も出したことが傷口を大きくした。当時のペッパーフードサービス社の体力としては大胆な賭けである。マネジメントの質の低さと大量出店が呼応したことが問題だった。

▽「植木理論」による失敗は「植木理論」で取り返す

「『植木理論』の失敗は、『植木理論』で取り返す」

一瀬はそう決断した。そこには、一瀬なりの成算があった。大きな話をぶちあげることで、このつらい状況を逆転できるはず、と確信していた。そこで冒頭の「危機をはね返す必死」のパーティに行き着く。

当時、社員、取引先の一部は会社の業績に不安を持っていた。しかし大多数はまだ、そこまで追い詰められているとは気づいていない。会社にとって良くないのは、不安を感じる人が大多数になることである。そうなると、不安が不安を呼び、歯車は悪い方向に回転する。

「会社はいろいろと問題を抱えているかもしれない。しかし、社長は元気で、こんな盛大なパーティまで開いている。まさか、深刻な経営危機などないだろう」

大半の出席者はそう感じた。一瀬の狙いは当たった。もっとも、会社の経営状況を正確に把握している銀行は、先行きへの不安を隠さない。「なぜこんな盛大なパーティを開くのですか」と懸念する銀行の担当者に、「今が正念場です。これで何とかなります」と、一瀬は「植木理論」を説明しながら訴え、理解を求めた。

▽「社内報」の形で社内外にメッセージを伝える

「危機をはね返す必死」のパーティを開いた同じ月、一瀬は初めて社内報を出した。「社内報」といえば、広報部の社員が編集して社長は短い文章を書くだけというのが普通である。社長は忙しいので手記が載っても自分で書いていないことが多い。

ところが、一瀬はB４判裏表の広報紙をすべて自分で書いて編集まで行った。会社は火の車で文章を書くような心境ではなかったが、考え得る限り大きな夢を語った。「社内報」と銘打っているペーパーだが、社外の人が読むことも意識している。これも「植木理論」である。

さらに、絶えずメッセージを出すことで、一瀬の哲学を社員たちが吸収し、店を任せられるまでに成長する教育効果を狙った。『ペッパーランチ』直営店の低迷を招いた「リーダー不足」の解消につながるからである。

『馬上行動』と名づけられた社内報は、その後毎月発行され、２０１６年６月号で第２３０号に達している。現在はA４判裏表８頁のカラー刷りで、役員や社員の写真付きひと言集、新店舗紹介、ボクシングやラグビーの試合レポート、イベント告知、店舗別クレーム数一覧など内容はバラエティに富んでいる。トップページには、全社員へ向けての一瀬のメッセージが必ず記載されている。店舗訪問報告、季節の話題、事業関係のトピックなどが書かれており、随所に彼の経営理念がちりばめられている。一面を独占しているので、結構なボリュームの文章である。

一瀬は、この巻頭文章を社内報創刊以来、20年近く毎月、一度も休まず書き続けている。今は編集担当者を置いているが、第69号までは彼が執筆と編集すべてをこなした。経営危機の状況下で、殺人的に忙しい社長業の合間を縫って書き続けたことは驚きに値《あたい》する。

「私が社内報を書かなくなったら、神様にこの会社を召し上げられてしまうんです」

そう、一瀬は語る。まるで脅迫観念にかられているかのようだ。社内報という形で、社内外に自分のメッセージを出し続けることが、経営者としての責任であると肝に銘じているから、忙しくても継続できる。

▽大手資本という「黒船」により引き起こされた危機

一瀬が毎月社内報を書くきっかけとなった『ペッパーランチ』は、どういった経緯で生まれたのか。

たとえていえば、「黒船」が「明治維新」を誘発したようなものである。ようやく『ステーキくに』の立て直しができたと思ったら、今度は外から「黒船」が押し寄せて来た。2番目の危機は、大手資本との競争だった。最大の脅威は、当時ダイエーの傘下にあった『フォルクス』(現在は吉野家ホールディングス・グループ)だ。『フォルクス』は1970年に大阪市で1号店をオープン、「安く手軽にステーキを食べる」ことを全国的なブームに仕立て、1984年にチェーン売上高が100億円を超えた。『フォルクス』は当初関西など地方での出店が多かったが、徐々に関東にも進出し、1987年に100店舗に到達、大証二部に上場した。翌年には売上200億円を突破した。

1991年に牛肉輸入が自由化されて安い外国産牛肉が手に入るようになり、円高がコスト削減を可能にした。バブル崩壊によって外食の低価格化が当たり前になると、『フォルクス』の割安なステーキはますます魅力的になった。

黒船出現までの一瀬は、鎖国されたエリアで営業しており、周囲に強力なライバルがいなかった。そこに、店舗数を増やし続ける『フォルクス』の脅威が迫ってきた。一瀬は、国産和牛にこだわり「美味しいステーキなら多少は高いのが当たり前」という考えで『ステーキくに』を経営していた。だが、大手資本に低価格の輸入牛を売り物にされたら、自分たちがひとたまりもなく吹っ飛ばされることは自明だった。

巨大資本が攻勢をかけるのであれば、大手と違った価値を提供するしかない。知名度や広告費では大手に太刀打ちできない。大手がSK（セントラルキッチン）で肉を加工し、安いメニューを提供するならば、より美味しいステーキをできるかぎり安く提供しようと考えた。質を下げて低価格にすることは絶対避けたかった。それに無理して価格競争をすると、円安になって食材コストが上がった場合に大きな打撃を受ける。となれば、「質が劣らないステーキを安く」提供し、大手と異なる価値を提供することが、サバイバルのための唯一の方法である。

結論は「ステーキのファーストフード」ということになる。しかも「ファーストフード」といっても、十二分に「美味しく」なければならない。ただ、そんなコンセプトの店はどこにもなかった。部下に説明しても、誰もピンと来ない。チェーン店で美味しい料理を提供するには熟練シェフを多数揃えなければならず、ファーストフード化など無理ではないか、と。

しかも、シェフを育てるには時間もコストもかかる。そうでなくても、熟練シェフは不足していた。一瀬には『ステーキくに』多店舗化の失敗経験がある。集団で離職されそうになったので、弟子のシェフたちに頼ることに懲りていたはずだ。

▽黒船の対抗策、「プロの焼き方を再現する」システム

しかし、一瀬には黒船出現前から温めていたアイディアがあった。

「素人がプロの料理を再現できるシステム」である。

それは、「プロがステーキを焼くプロセスを再現できる機器」の開発だ。

まず、目をつけたのは、特殊な構造で保温性を高めた鉄皿だった。これを予《あらかじ》め加熱しておけば、適温の260℃で肉を焼くことができ、温度調整する手間を省ける。

ただ、大きな問題があった。ガスで260℃まで加熱すると、厨房の中がサウナのようになり、料理人が耐えられない。

そこで、「熱効率がガスより高い電磁調理器がよいのではないか」と一瀬は思いついた。しかし、家庭用の小型機器しか市販されていないので、独自に大型の「業務用電磁調理器」を開発するしかない。

通常、電磁調理器に鉄板を載せて肉を焼くと、1分10秒くらいで焼きあがる。そういうと簡単に聞こえるが、実は難しい作業である。鉄板自体の温度が諸条件によって上下60～70℃も変わるからだ。たとえば、鉄板は熱湯で洗った直後か、ある程度時間経過した時点かで、当然ながら温度が違う。条件の違いがあっても、プロは肉の焼き加減を調整できるが、アルバイトには難しい要求だ。

そこで、電磁調理器にセンサーをつけて、適温まで上がったらアラームが鳴り、自動的に電源が切れる仕組みを開発した。この電磁調理器は、1987年に『ステーキくに』の両国店で初めて導入された。結果、加熱時間を短縮でき、厨房の労働条件も大幅に改善された。「これなら行ける」と、一瀬は確信した。

▽発想の転換①――「ステーキはシェフが焼かなくてもよいではないか」

『ペッパーランチ』の創業に際して、一瀬が行ったのは、「製造業ノウハウのサービス業への応用」である。

日本経済の問題点のひとつとして指摘されるのが、「製造業とサービス業の生産性の違い」である。日本の製造業はグローバル競争にさらされており、国際的にも高い生産性を維持している。しかし、飲食宿泊・医療福祉などのサービス業は製造業と比較して生産性が低い。内閣府の統計によると、２０１２年の両者の就業者一人あたり国内総生産（ＧＤＰ）は約１・86倍もの開きがある。

外食業界にも、一瀬よりずっと前から製造業のノウハウ応用を行って来たセクターがある。既に述べた「セントラルキッチン（ＳＫ）」を活用しているファミレスである。ＳＫのプロセスは食品工場の仕組みを外食に応用したものだ。

しかし、ＳＫの弊害は、効率を追求して鮮度を犠牲にするため、「そこそこ美味しい味」でとどまることだ。したがって、「安さ」でお客さんを呼べても「味」でリピーターを確保することは難しい。

一瀬の「プロの料理を再現できるシステム」は、SKを反面教師として、安いだけでなく、「味」でリピーターを増やすことを狙った。

外食ビジネスがダメになる原因として、一瀬は「忘れられる」「飽きられる」「嫌われる」という3つの弊害を挙げる。彼の技術開発は、その3弊害を解消することを目指している。

▽発想の転換②——「ステーキは焼肉をヒントに焼けばよい」

「プロがステーキを焼くプロセスを再現できるシステム」によって、低価格の「美味しい」メニューを出し、若い人に週何回も来てもらいたいと一瀬は考えた。そのためには、600〜700円の価格帯が望ましい。しかし、電磁調理器だけではコスト削減が不十分である。

さらにコストダウンするため、肉の焼け具合を確認する手間を省けないかと考えていたある時、一瀬は焼き肉店を覗いて、ふと閃《ひらめ》いた。

「そうか、焼き肉方式でステーキを焼けばいいんだ」

焼き肉店では、テーブルでお客さん自ら肉を焼く。一方、ステーキ店では「レア」「ミディアム」「ウェルダン」など、お客さんの好みの焼き方を聞いて、シェフがそれに合わせて焼く。しかし、ステーキが焼きあがるまでお客さんに出していけない、という決まりがあるわけではない。好みの焼き具合になるよう、お客さんが自分で微調整できれば、顧客満足度も業務効率も上がる。値段も安くできるはずだ。

ただ、理屈はそうでも、大きな鉄板を客席のテーブルに置くわけにいかないし、焼肉の網でステーキを焼くわけにもいかない。結局、シェフが必要なのだろうか。

「いや。電磁調理器と『保温性の高い鉄皿』をセットにすれば解決できる」

自分自身の閃きに彼は興奮した。

彼のシステムは、「電磁調理器」の上に保温性が高い「特殊鉄皿」を重ね、席でお客さん自らステーキを焼いてもらう、というものだ。このシステムを使えば、まるで焼き肉のような感覚で、お客さん好みの焼き具合に仕上げることができる。

そのためには、鉄皿の構造にひと工夫凝《こ》らす必要があった。肉とつけ合わせを載せてお客さんの手許《てもと》に運ぶには、重い鉄皿では不都合だ。作業効率が落ちるので、鉄皿の軽量化が必須だった。

　鉄皿を軽量化するには、中空の構造にすればよい。そこで、薄い鉄板を重ねて、間にアルミを流しこむ構造に変えた。ところが、試作品段階で大きなトラブルが起きた。鉄とアルミの間にごく薄い隙間が残り、そこに水が入りこんで加熱されると、水蒸気爆発を起こした。蒸気機関車と同じ原理であり、これでは使えない。

　一瀬は困り果てたが、考えることを止《や》めなかった。

「そうか。水が隙間に入って困るのならば、最初から水が入る穴を鉄板に開けておけばいい」

　これなら、軽くかつ保温性が高い「特殊鉄皿」を作ることができる。アイディアが閃いたと同時に、彼は特許事務所に電話をかけていた。調理機器の試作品はメーカーに外注したが、技術的な改良、問題解決には一瀬自身が当たった。サービスの現場をよく知る彼が開発に加わったからこそ、モノ作りとサービス業がうまく融合したといえる。

▽ＦＣ店の大成功と直営店の大赤字

「自分の考えた『プロがステーキを焼くプロセスを再現するシステム』は、黒船の大手資本にも負けない」と一瀬は確信していた。大手にない価値を提供できるから、お客さんも集まるはずだ。

技術開発している間に、『テキサス』などのチェーン店がステーキのファーストフードを出し始めた。一瀬に焦りが募った。一刻も早く、自分の考えた店を出したい。だが、問題は資金だった。当時、新システムの店を出す余裕はなかった。

そこで一瀬は、フランチャイズチェーン（ＦＣ）方式に目をつけた。経営基盤がしっかりしたＦＣ経営者と組めば開店資金は向こうが出してくれる。そして、新しいシステムが本当に機能するかどうかの実験ができる。

先述したように、これは「最初に直営店でノウハウを確立してからＦＣ加盟店を増やすべき」というＦＣのセオリーに反している。しかし、一瀬にとって他に選択肢がなかった。ＦＣ経営者と組んだ『ペッパーランチ』１号店は、１９９４年７月神奈川県の大船に開店した。一瀬がＦＣの存在を知ってから、わずか3か月後のスピード開店だ。1号店は開店当日、驚異的な売上をたたき出し（48ページ）、順調に売上を伸ばした。続いてオープンしたＦＣ店もみな、好調だった。

『ペッパーランチ』オープンにあたって、一瀬の工夫は電磁調理器と特殊鉄皿にとどまらなかった。さらに業務効率を上げるため、メニューチケットの自動販売機を置いて、ホールのサービス要員を削減した。外食業のチケット自動販売機など、今では当たり前だが、ＦＣコンサルタントから猛反対された。「低価格といっても、まがりなりにもステーキ屋だ。ラーメン屋じゃあるまいし、自動販売機などとんでもない」と。しかし、料理以外のコストを徹底的に削減するためだ。一瀬は反対意見を押しきり、自販機導入を強行した。

「ＦＣ店でこれだけ儲《もう》かっているんだから、我々が直営店を出せば、もっとうまく行くだろう。せっかく苦労して『ペッパーランチ』を立ち上げたのに、本部がこの流れに乗り遅れてどうするんだ」

一瀬は決断し、「よし、1年間で10店出すぞ」と号令をかけた。ところが、この10店舗が、「リーダー不足」によりすべて赤字に陥ったのである。

▽既存の店舗分類にこだわらず、新しいカタチを考える

「リーダー不足」による直営店の不振が招いた経営危機をはね返すため、一瀬は盛大なパーティ、社内報発行などを行った。躓《つまず》きの最大原因である「リーダー不足」解消のための社員教育、人材スカウトにも努めたが、それでは間に合わない。「サラリーマン的」な人材を短期間で経営者に変えるのは困難だ。

当時の店舗は直営店とFC店のふたつに分かれていた。FC店は加盟社の経営者が真剣で業績が良かったので、一瀬はもっとFC店を増やしたいと考えていた。ところが、FCはロイヤリティの支払いや店舗改装費用が大きく、小規模の事業者では簡単に参入できない。

ある時、一瀬はふと閃いた。「そうか。直営店とFC店だけにこだわらず、中間の『第三の道』を作ればよいんだ」——それが「委託事業」方式である。

FC店をスタートするほどの資金力はないがやる気に溢《あふ》れている小規模経営者に、直営店の経営を「委託」することを思いついた。こうすれば、居抜きで経営を始めら

れる。店の利益から委託先経営者が受け取る分配金を調整すれば、FC経営者から不満も出ないし、委託先は低リスクで事業を始めることができる。

この方式変更で、銀行が憂慮した経営危機を一瀬は乗り切ることができた。その後、いく度かの危機（後述）を乗り越え、『ペッパーランチ』は2016年6月末時点で国内101店舗を展開している。

▽海外展開に現れる経営哲学

当初躓いた国内の『ペッパーランチ』と異なり、海外事業は順調に推移した。ただ、2003年3月に韓国で出した海外第1号店は、知人に誘われたためで、当初は本格的な世界展開など考えていなかった。

転機となったのは、2005年7月、大手食品メーカーの関連会社と共同で行った、シンガポール出店である。市内の目抜き通りであるオーチャードストリート沿いの高島屋百貨店地下に、90席の店を出した。

「初出店にしてはやや大規模かな」と一瀬は不安になったが、蓋を開けると大繁盛した。その後東南アジア各国から問い合わせが殺到し、新規出店が続いた。２０１６年6月現在、韓国、シンガポール、フィリピン、ベトナム、マレーシア、インドネシア、香港《ホンコン》などに、合計２４９店舗を展開している。

飲食業のＦＣ展開は小売業のＦＣに比べて、店舗の質を均一にすることが難しい。小売は販売する製品の質を均一にできるが、調理や接客サービスのスキルは人によってバラバラで、均一化が難しいからである。また、日本オリジナルの味を押し通せば外国でも受けるとは限らない。

一瀬は進出先のパートナー企業とウインウインの関係をめざしている。メニュー構成や店舗設計は現地パートナーの意見を尊重し、彼らにも十分利益が出るよう配慮した。一瀬が得る利益の源泉は、経営指導と、食材・ステーキソース・電磁調理器・特殊鉄皿などの納入だ。両者の役割分担を明確にすることで、ＦＣ加盟店とうまく棲《す》み分けようとしている。

時、場所、相手に応じて、柔軟に対応する——海外展開における決断を検証すると、一瀬の経営哲学が鮮やかに見えてくる。

第6章

Niku hitosuji de katsu

第3の「危機」——BSE騒動の恐怖

【教訓】「BSE」という大事件への独自対処

本章では、国内におけるBSE感染牛の確認という牛肉業界の存亡に関わる危機、およびその後の米国でのBSE感染牛の確認、豪州での牛肉調達の困難といった、一企業、一業界の努力では対処できないような危機に際して、一瀬がどのような行動を取ったかを分析する。

※周囲が驚くような行動は、演技でなく「本心」からでなければインパクトが乏しい。
※自社の努力で対処できない事象にも諦《あきら》めず対策を講じる。
※自社にとって短期的には不利に見える決断や行動が、長期的に仲間やファンを作る役割を果たす。
※早め、広めの対策を打つと短期的にはコスト高になるが、長期的に利益を得ることがある。

▽「肉ひと筋宣言」と「助けて下さい」貼り紙

「今、おおぜいのお客さまは牛肉禁断症候群になっています。人は生まれてから今日まで牛肉をたくさん食べて育ってきました……お客さまがまた牛肉を食べたいと思われた時、われわれがチキンやポークを出していたら『何屋』か、分からなくなってしまいます。したがって、『ペッパーランチ』はチキンやポークを売りません」

2001年末、生放送のラジオに出演した一瀬邦夫は、キャスターの質問に対して、こう答えた。

BSE（狂牛病）に関して同年10月に厚生労働省と農林水産省が出した安全宣言を受けて、「牛肉は本当に安全か？『ペッパーランチ』は牛肉以外のメニューを考えているのか？」と聞かれ、きっぱり断言したのである。

「肉ひと筋」を貫いてきた一瀬らしい「宣言」だった。

が、放送を聞いていたペッパーフードサービス社のスタッフたちは卒倒しそうになった。

「そんな、ばかな！」

「社長は何を言っているんだ！」

なぜなら、『ペッパーランチ』では、ＢＳＥによる牛肉離れの対策としてチキンやポークの新商品を出すことを決定しており、すでに各店舗に配るメニューやＰＯＰも手配済みだったからである。もちろん、一瀬も承認済みの計画である。

すべてを一瀬が生放送でひっくり返したのだ。

「お願い　助けて下さい。このままでは本当に困ります。美味しく安心な米国産のお肉です。食べに来てください。頑張ります。店長」

一瀬のラジオ出演の2か月前、２００１年10月。こう書かれた一風変わった貼り紙が、都内の『ペッパーランチ』店頭に、一斉に貼りだされた。

▽業界を震撼させた「ＢＳＥ騒動」

２００１年、牛肉を扱う業界を大激震が襲った。

日本国内で初めて狂牛病（ＢＳＥ）に感染した牛が確認されたのである。外食業界は大混乱に陥った。

ＢＳＥ騒動が起きるまで、『ペッパーランチ』は好調だった。前章で述べた、直営店の不振もようやく解消され、上昇軌道に乗っていた。

ＦＣ展開も順調に進んだ。日本マクドナルドに倣《なら》って、諸規定やマニュアルを整備し、「ステーキ大学」と名付けた研修センターへの投資も行った。２０００年に開催した創業30周年記念式典では、２年後に株式公開（ＩＰＯ）を行うことも発表した。一瀬58歳の年である。２００１年は年間40店舗オープンという強気の計画を立て、『ペッパーランチ』にとって飛躍の年になると思われていた。そこに襲ってきたのが、ＢＳＥ騒動だった。

ＢＳＥはＴＳＥ（伝達性海綿状脳症）の一種で、狂牛病とも呼ばれる。１９９６年3月、英政府は、「人の『変異型クロイツフェルト・ヤコブ病』は、ＢＳＥを発症した牛肉を食べたことが原因と考えられる」と発表した。それ以前から、学術的にはＢＳＥが牛からヒトに移る可能性が指摘されていたが、そのことが広く知られたのは、英政府の発表がキッカケである。日本でも衝撃が走ったが、英国の話なので、あくまで「対岸の火事」だった。

ところが、２００1年9月、千葉県でＢＳＥ感染の疑いがある牛が発見された。火の手が足元に及んだのである。深刻な社会問題となった。

翌月から食用牛の全頭検査が導入され、北海道、神奈川県、熊本県でもＢＳＥ感染牛が確認された。牛肉を扱う食品業界、外食業界は大打撃を受けた。牛肉を使った料理が次々と姿を消した。全日空、日本航空が、「ビーフコンソメスープ」の機内サービスを中止したほどである。

▽予想を超えて広がったＢＳＥ騒動

一瀬にとっても、ＢＳＥ感染牛の確認は強烈なショックだった。しかし、とりあえず静観することを決めた。

「うちの店で出しているのは米国産のアンガス牛だ。感染が見つかったのは和牛だから、大した問題にならないかもしれない」と淡い期待を抱いた。店内に「当店は米国産の牛肉をお出ししています」と「米国産」を強調した貼り紙を出し、様子を見た。

９月の売上はそれほど落ちこまなかった。しかし、翌10月になるとつるべ落としのように売上が急降下した。ただ手を拱《こまね》いていたわけではない。店内の清掃を徹底してセールも行い先手を打ったが、まったく効果がない。

消費者の反応は「米国産であれば大丈夫だろう」などという甘いものではなかった。食に対する日本人の「国産信仰」は根強い。その、安全と思っていた和牛に感染が見つかったのである。「和牛の代わりに米国産を食べよう」という心理状態には、とてもならなかった。

「当分、誰も牛肉を食べなくなるんだろうか」

一瀬のショックは恐怖に変わった。

「『ペッパーランチ』直営店の赤字もようやく解消し、さぁ、これからだと思っていたのに、今後どうなるんだ」

国内で感染が確認された牛はわずか数頭だったが、マスコミは、まるで日本中の牛が感染しているかのような報道を行っていた。

一瀬は途方に暮れた。追い詰められた彼は、ついに先述した「助けて下さい」という貼り紙を店頭に出した。

▽「助けて下さい」貼り紙にこめた意図

貼り紙については社内に反対意見が多かった。

「当社は今、新規上場（ＩＰＯ）の準備をしている身です。公的な会社としての立場をわきまえなければならない。それに、こんな貼り紙をしても客足は戻らないと思います。むしろイメージダウンの危険が高い」

しかし、一瀬は社内の制止を振り払うように貼り紙を実行した。本社の直営店は一瀬の鶴の一声で物事を決定できるが、別にオーナーがいるＦＣ店では、そうは行かない。ただ、直営店だけでなくＦＣ店でも貼り紙をしないと効果が低い。そこで、一瀬はＦＣオーナーたちに掛け合ったが、ここでも反対意見が大半だった。

前章で書いた「危機をはね返す必死」のパーティや社内報『馬上行動』を見ても分かるように、一瀬は「これをしなければならない」と思ったら、周囲の心配や制止を振りきって突っ走ることがある。貼り紙は確かにリスクが高い行動だったが、一瀬には、どうしても世間に「訴えたいこと」があった。まるですべての牛肉が危険であるかのような、過剰に不条理な報道を是正し、少しでも風評被害を打ち消したかったのである。

皆の反対を押しきって決行した貼り紙だったが、彼の信念に味方するように意外な効果があった。

「都内のステーキチェーン店に風変わりな貼り紙があるらしい」という噂を聞きつけ、朝日新聞が取材に訪れた。

「『助けて』と貼り紙　ステーキ店が悲鳴　勇気出して本音発信」という見出しで、同紙東京版に記事が載った。貼り紙をした店舗写真が添えられた目立つ記事だったため、世間の耳目を集めるのに十分だった。記事の論調もそれまで多かった風評被害を煽《あお》るものではなく、フェアに飲食店の窮状を報じたものだった。この記事をキッカケにすぐ客足が戻ったわけではないが、テレビの取材クルーも数局訪れ、客観的な報道も少しずつ増えていった。

そして10月18日、厚生労働省と農林水産省が、牛肉の「安全宣言」を行った。安全宣言によって翌11月には、『ペッパーランチ』の売上は、感染牛確認直前の数字を100とすれば8割の水準まで戻り、12月には前年並みまで回復した。BSE感染牛発見直後の深刻な状況を考えると、客足は思ったより早く戻ってきたといえる。

なお、余談だが、「狂牛病（ＢＳＥ）」が２００１年の「新語・流行語大賞」トップテンに入賞したため、一瀬は授賞式に招かれ、小泉純一郎《こいずみじゅんいちろう》首相、孫正義《そんまさよし》ソフトバンク代表、歌手の氷川《ひかわ》きよしらとともにステージに上がり、表彰された。壇上で一瀬はあらためて安全性を強調し、ＰＲに努めた。

ようやく恐怖から解放された一瀬は、不採算店の整理、既存店の強化、新規出店審査の厳格化、会社の体質強化などに取り組んだ。

▽「牛肉アレルギー」に悩んだ牛肉業界

しかし、ＢＳＥ騒動は業界に深刻なトラウマを植えつけた。安全確保のため肉牛の全頭検査が行われるようになったが、いつ、またＢＳＥ感染牛が見つかって客足が途絶えるか分からない。事実、２００３年に今度は米国産牛のＢＳＥ感染が確認され、米国からの輸入が2年半にわたって停止されている。

牛肉だけに頼れない。ＢＳＥ騒動によるトラウマに突き動かされた、牛丼、ファーストフード、焼肉、ステーキなどの業界は、鶏肉、豚肉、シーフードなどを使った商品開発に走った。

『ペッパーランチ』も例外ではなく、チキン、ポークを使ったメニュー作りを進め、宣伝用の店頭ＰＯＰやメニュー表の準備も整えていた。

一瀬にとって重要なのは「お客さんに満足してもらうこと」である。「美味しい肉を食べてもらいたい」という信念は揺るぎないが、同時に一瀬は冷徹な経営者である。リスク分散のため、牛肉以外のメニュー開発を決断するのは当然である。

▽「牛肉にこだわる」無鉄砲な宣言と冷静な計算

だが、その矢先、一瀬は生放送ラジオで「『ペッパーランチ』は牛肉ひと筋です」と宣言してしまった。

その年の12月、売上が前年並みに戻ったことを祝い、スタッフと一緒に忘年会をしていた一瀬にラジオ局から電話が入った。

「ＢＳＥ騒動を生放送の特集コーナーで取り上げるので、ぜひ一瀬社長に出演していただきたい」

当時の一瀬は、貼り紙によって「時の人」だった。

「役割を与えられたという責任感」から、一瀬は出演を承諾し、勇んでラジオ局に向かった。彼はよい意味で「目立ちたがり屋」である。仕事のアドバイスや講演などを頼まれれば、直接のメリットがなくても気軽に引き受ける。

その「フットワークの軽さ」は彼の魅力なのだが、ときに「軽率」につながり災いを招くこともある。会社のスタッフたちは「口がすべって、世間の反感を買わねばいいが」と若干の不安を感じていた。彼らの懸念は異なる形で現実となった。

番組は、「安全宣言は出たが、牛肉は本当に大丈夫か？」という疑問を検証する内容だった。キャスターは「安全性に自信がありますか？」と一瀬に問いかける。

誠実に答えようとするあまり、一瀬がつい口にしてしまったのが、『ペッパーランチ』はチキンやポークを売りません」だった。

放送を聞いた本社役員・スタッフは途方に暮れたが、どうしようもない。チキンやポークの新メニューはすべてお蔵入り、用意していたＰＯＰやメニュー表も捨てるしかない。

「ラジオで言ってしまった手前、牛肉以外を出すわけにはいかなくなりました」

当時を回想して一瀬は笑う。

しかし、チキンやポークの新メニューをあえて捨てたのは、「公言したことだからなんとしても守る」という、意固地な決断と少し異なる。前章の海外展開への対応でも述べたように、問題に柔軟に対応するのが一瀬流である。

「(ラジオではああ言いましたが)お客様のニーズを優先して、チキンやポークもお出ししています」という説明も店頭では可能だったはずだ。だが彼はそうしなかった。

一瀬がコック見習い時に初めて食べた「この世のものとも思えない」美味しいステーキの味と、『ペッパーランチ』に週何回も来てくれる多くのお客さんの顔を思い浮かべたためである。

さらに、あえてリスク分散をせず、牛肉にこだわることで、彼自身と会社の力をより最大限に引き出せる、と判断したためでもある。あえて危険地帯に飛びこむことで、新しい道が開けるはずと一瀬は考えた。

当時の外食企業経営者にとって、これはなかなかできない決断である。しかし、一瀬はラジオで「牛肉以外やりません」宣言をしたことで、この決断が正しいと確信するようになった。そして、その賭けは見事に成功するのである。あくまで牛肉にこだわる、と宣言したことで一瀬は、牛肉生産者から絶大な信頼を得た。また、鶏や豚によるリスク分散をしない代わりに、米国だけでなく豪州にも行って牛肉を仕入れ、牛肉の「産地」によるリスク分散を始めた。2年後に米国でＢＳＥ牛が発見された時、産地のリスク分散が功を奏したのである。転んでもただでは起きなかった。

▽ＢＳＥ騒動から牛肉業界が受けた長期的な打撃

政府の安全宣言が出ても、消費者の「和牛離れ」は続いた。ただ、ＢＳＥ感染牛が確認されていない米国産を使っていた牛丼業界などは客足が戻った。ところが、悪いことは重なるもので、２００３年には米国でもＢＳＥ感染牛が発見された。同年12月、米国政府は、「ワシントン州で飼育されたホルスタイン種の牛一頭が、ＢＳＥに陽性反応を示した」と発表した。

外食業界が頼みにしていた米国でＢＳＥ感染牛が発見されたため、再び大混乱である。日本政府は当面の措置として米国産牛肉の輸入を差し止めた。輸入再開の条件として、農水省は牛の「全頭検査」を米国に要求した。しかし、米国の検査体制が不備で、様々なトラブルが続き、輸入を再開するどころではなかった。ようやく2005年12月になって、感染の可能性が低い20か月齢以下の牛肉に限って輸入が再開されたが、再開の翌月、輸入子牛肉に「危険」な脊柱が混入されている有様《ありさま》だった。米国の杜撰《ずさん》さが原因で再び輸入が停止された。すったもんだして、ようやく輸入が再々開されたのは2006年7月である。約2年半の輸入停止だった。

ＢＳＥ騒動は牛肉業界にふたつの打撃を与えた。ひとつは消費者の牛肉離れによる市場縮小であり、ふたつ目は材料調達の困難化による売上減少である。牛丼チェーンの『すき家』や『なか卯』は豪州産牛にシフトしたが、『吉野家』は豪州産牛を使わず、豚や鮭など牛肉以外のメニューに力を入れた。企業ごとにＢＳＥへの対応は異なったが、業界全体が打撃を受けたのは事実である。

▽「転ばぬ先の杖」となった、豪州産牛肉の調達

ただ、豪州産牛の輸入を増やしたいと思っても、現地生産者は簡単に応じてはくれ

なかった。それまで米国産牛の輸入一辺倒だった企業に供給を求められても、米国からの輸入が再開したら、再び注文が減る可能性が高いからだ。実際、大半の豪州生産者は、取引が長い企業への供給を優先した。

一瀬の店もBSE騒動に翻弄《ほんろう》されたが、ラジオの「牛肉ひと筋宣言」の後、いち早く調達先を多様化していたため、被害を最小限に食い止めることができた。豪州からの調達が「転ばぬ先の杖」となった。

米国でBSE感染牛が確認される5か月前の2003年7月、一瀬は豪州牛の輸入を開始している。輸入を決める際、豪州は島国で独自の生態系を築いており、米国よりも検疫体制が厳しく、調達先として信頼できることを確認していた。

米国での感染が確認された時は、豪州産7割、米国産3割と、既に豪州シフトを進めていた。米国BSE騒動の後、日本企業が大挙して豪州産牛の買い付けに行っても、一瀬への割り当てが減らなかったのは、現地で培《つちか》われた信頼関係による。

豪州産牛は価格が安いところが魅力だったが、米国産と比べて肉質に問題があった。豪州の牛は牧草を餌《えさ》とする（グラスフェッド）ため、肉質は赤身が多く、硬い。穀物を餌に育てられる（グレインフェッド）米国産より風味が劣るとされ、ステーキ、焼肉、しゃぶしゃぶには向かず、ひき肉、カレー、ビーフシチューなどの煮こみ用に向いている。当時、「オージー・ビーフ」は価格が安いが、「美味しい」という評判を得てはいなかった。

そこで、一瀬は豪州でもグレインフェッドを増やしてもらった。また、品種改良により、現在ではオージー・ビーフも日本人の味覚に合うようになった。日本向けに霜降り牛を生産する牧場まである。

日本の牛肉業界に激震を与えたBSE騒動だが、一瀬は早くから豪州に重点を移していたことよって救われた。ただ、現在は米国からの輸入が再開されているので、調達比率は米国が約7割、豪州が約3割に戻っている。

ラジオでの「牛肉ひと筋」宣言の効果は、もうひとつある。

BSE騒動から10余年を経て「(牛)肉食ブーム」が到来した今、一瀬とペッパーフードサービス社に、「牛肉にこだわる経営者」「牛肉にこだわる会社」というブランドが確立されたことだ。

一瀬は、BSE騒動という「危機」を、見事に「成功」につなげたのである。

『ペッパーランチ』の看板メニュー、「ビーフペッパーライス」。鉄とアルミを使って作られた特殊鉄皿は特許を取得している。

『ペッパーランチ』1号店（神奈川・大船駅前店）。

1997年5月、『ホテルイースト21』で開かれた「創業28周年記念パーティ」。

第7章

Niku hitosuji de katsu

第4の「危機」——不祥事と食中毒事故を乗り越える

【教訓】 パートナー企業が招いたトラブルにも準備、対処を

本章では、委託経営店、食材の仕入れ先など自社の直接コントロールが及びにくいパートナー企業が作った危機について述べる。外食のように社会的な影響力が大きい業界は「このトラブルは自社が直接招いたものではない」という言い訳が通用しにくい。パートナー企業の管理は社内の人材管理とセットで考えなければならない。

※謝罪会見では、いっさいの駆け引き、言い訳をしてはならない。

※テレビカメラ会見では、失言が独り歩きして、繰り返し報じられるリスクを覚悟しなければならない。インターネットがそれを増幅させる。

※失意やどん底の時に助けてくれるのは、お金目当ての取引先でなく、ふだんから人間性を信頼し合う人たちである。

※パートナー企業の評価、リスク管理は多面的に検証するべき。

※人材の管理は、「ヒト」と「システム」の融合で対処する。ヒトである管理職や現

場の責任だけを追及してはならない。

※社員が「働かされている」と思うのではなく、「自分の意思で働いている」と思う環境整備を行う。

▽短期間に2度の謝罪会見

「赤いランプが点いたままだな。まだまだ続けるぞ」そう一瀬は自分に言い聞かせた。赤いランプとは、テレビ局のクルーが運びこんだ撮影用カメラのレンズ上部に付いている「タリーランプ」のことだ。このランプが点いている間はカメラが回っており、収録されているのである。

新聞、雑誌のカメラ・フラッシュは既に収まっていたが、まだ、5~6台のテレビカメラの赤ランプが点いたままである。既に記者会見開始から1時間が経過していた。「社長、そろそろ終了しましょう」と広報担当社員が耳打ちして来たが、「いや、まだ続ける」と一瀬は揺るがなかった。さらし者になることをいとわなかった。

謝罪記者会見が短期間に2度も起きた。一度目は2007年、『ペッパーランチ』委託経営店の店長と従業員が女性客に対して暴行を働いた事件に関する謝罪会見。事件を起こした店長はペッパーフードサービス社の社員ではなかったが、『ペッパーランチ』の看板を出している店で起きた事件だった。社会的責任は一瀬にある、と見られてもやむを得なかった。

2度目の謝罪会見は2年後の2009年、一部の店で食事をした顧客が、病原性大腸菌O157による食中毒を起こした事件への謝罪会見である。直接の原因は、納入された肉がO157に汚染されていたことにあるが、その肉を提供したのは『ペッパーランチ』である。お客さんに直接食事を提供した一瀬が謝罪して、速やかに被害者への補償を行うことが先決だった。

▽取引先の行動が原因で起きたふたつの危機

いずれも一瀬が信頼して「同志」と思っていた企業が起こした事件だった。一瀬は背後からいきなりハンマーで殴られたような気がした。このような場合、事故に関係した他社と責任の所在について言い争いになり、被害者への謝罪や補償が後手に回るケースも少なくない。マスコミによる批判が高まり追いこまれるように謝罪した結果、まずい謝罪しかできず、かえって火に油を注ぐこともある。一瀬はそういう事態だけは避けたかった。わずか2年のうちに謝罪会見が相次いだため、彼は「謝罪会見が好きな男」と揶揄《やゆ》されることさえあった。

記者会見は想像以上に過酷なものだった。記者たちの一瀬に対する追及は容赦なかった。ふたつの事件とも、被害者には何の落ち度もないからだ。たとえ『ペッパーランチ』に直接的責任がないとしても、それを口にできるはずもない。道義的責任は免れないし、責任逃れをするつもりなど、毛頭なかった。

「赤いランプがこっちを見ている間は絶対に逃げも隠れもしない」と彼は歯を食いしばった。

▽「謝罪会見」の失敗例

一瀬が赤いランプにこだわるのは理由があった。暴行事件より7年前の2000年、『(株)雪印乳業』が集団食中毒事件を起こした。約1万5000人の被害者が出た戦後最大の食中毒事件である。社会的な注目度が高く、謝罪会見は熾烈《しれつ》を極め、長時間に及んだ。一瀬の謝罪会見よりはるかに厳しいものだった。

数時間かかった記者会見が終わり、当時の雪印乳業社長は逃げるようにエレベーターに乗りこもうとした。そこへ追いかけてきたひとりの記者が社長を問い詰めた。

「我々は寝ずにあなたの会見準備をしてきた。それなのに逃げるんですか！」

雪印の社長は叫び返した。

「我々だって寝ていないんだ!!」

結果的にこのひと言が命取りになった。テレビでは、社長の「寝ていないんだ」の場面が繰り返し放送された。記者会見で何時間もかけて丁寧な対応をした誠意は一瞬にして無駄になった。頭を下げ、謝罪をする場面はほとんど放送されず、「寝ていないんだ」がすべての対応であるかのように報じられた。世論の批判は募り、激しい不買運動も起き、ついに雪印グループは解体された。この食中毒事件において、雪印乳業に責任があるのは明らかだったが、マスコミ対応の失敗が事態を悪化させ、再起のチャンスを失わせたのは、事実である。

▽厳しい状況でこそ「駆け引き」や「言い訳」はしない

一瀬は記者会見に臨む前、雪印乳業の会見の一部始終とそれが招いた結果を、十分に承知していた。二の舞はしない、そう肝に銘じていた。テレビ局は視聴率獲得のために、一般受けする「刺激的な映像」を鵜の目鷹の目で狙っている。謝罪会見に臨んだ社長が暴言を吐くなど、格好のネタである。視聴者の反感は増幅され、ワイドショーでコメンテーターに「この社長、ぜんぜん反省していないですね」などと言われれば、事態の悪化が止まらなくなる。

会見で暴言を吐くなどもってのほかだが、「これで会見を終わります」と逃げるように退散するのもまずい。その場しのぎの言い訳もしてはならない。

だから一瀬は、赤いランプがすべて消えるまで何時間でも会見を続けると決めたのである。いっさい駆け引きはせず、ただ頭を下げ、心から詫びる。記者たちの追及が終わり、一社、二社と機材を片づけ始め、やがて誰もカメラを回さなくなるまで、一瀬は記者会見の席を離れなかった。その間ずっと、被害者の方々の顔を思い浮かべていた。

「何の落ち度もない人が俺の店で辛い目に遭われた。あの人たちの気持ちを考えれば、今の俺の状況など、たいしたことない」

記者に罵倒されながら、そう考えていた。厳しい記者の質問は、相手を挑発して不快な表情を引き出そうとする狙いもある。結果的に、一瀬のまっすぐな対応はその罠を避けることにつながった。

一瀬は面と向かって接した相手に「裏表がない人だ」という印象を与える。駆け引きがない真っ直ぐな人だと思わせる。その性格が、２度の記者会見ではよい方向に導いてくれた。

▽「捨てる神」あれば「拾う神」あり

記者会見はどうにか乗りきったが、サバイバルへの戦いはむしろそこが始まりだった。

何より、被害者への十分な補償と取引先のケアは急務だった。ネットでは『ペッパーランチ』に対する激しいバッシングが続き、客足も目に見えて落ちていた。しかし、客離れ対策だけでなく、取引先の離反を防ぐことも急がねばならなかった。問題を起こし業績を下げた企業には、取引先も警戒して食材や消耗品などを納入しなくなる。FC（フランチャイズチェーン）経営者たちや社員の士気が下がるのも気懸かりだった。士気が下がればサービスの質も低下して、さらに客足が鈍るという悪循環になる。

食材や消耗品の仕入れの滞《とどこお》り、加盟店の脱落――それは、事業が動かなくなることを意味する。事件で傷ついた組織のリカバリーを可能にするのは、新たな売上の創出のみである。そのために力を合わせなければならない取引先、FC加盟店がいなくなったら、リカバリーは永遠に不可能になる。

一瀬はそうなることを一番怖れた。居ても立ってもいられない彼は、お詫びと状況説明の行脚《あんぎや》を続けた。毎日最低7件というノルマを自分に課して、取引先やFC加盟社を回った。厳しい言葉もぶつけられ、露骨に逃げだそうとしている取引先もいた。

しかし一瀬にとって意外なほど、多くの人が彼に同情的で優しかった。「別にあなたが悪いわけではないから」と口を揃えて言ってくれた。会社の資金繰りが厳しくなったところに、個人資金で500万円単位の増資に応じてくれた友人の社長もいた。

みな、一瀬の裏表のない人柄を信頼してくれていたのだ。言動に裏表があり、誠実だと思われていない人間が危機に瀕《ひん》しても、周囲は手を差しのべない。信望がなくても、儲かっているときは人が寄って来るが、下り坂になれば瞬く間に「金の切れ目が縁の切れ目」となる。記者会見同様、一瀬の人柄が危機克服に大きな力となった。

一瀬は「相手の利益を考えることが自分の幸せの基」という標語を、経営理念として掲げている。

ふだんからFCの経営者や取引先とはどう利益を出すかについて積極的に話をしていた。長電話もしばしばで、学生時代からの友人のように接していた彼らは、一瀬を見放さなかった。危機に瀕して、自分の経営理念に救われたのである。

▽「過去最大の危機」と「植木理論」

ただ、この試練は一瀬が過去に味わったものと比較して、格段に辛いものだった。業績の低迷からなかなか抜け出せず、ついに「『ゴーイングコンサーン（継続企業）』に疑義あり」と監査法人から決算書に注記された。これは「財務的に会社の継続に疑問がある」と公《おおやけ》の場でコメントされたことを意味し、場合によっては上場廃止につながる。経営者にとっては強烈なパンチである。

不安を感じた社員に対して、一瀬は「会社を絶対守る」と宣言した。そして、2012年2月にようやくゴーイングコンサーン疑義の注記がはずれた時、彼は社内パーティでポロポロと涙を流した。社員が一瀬の男泣きを見たのは初めてだった。

最大の危機を乗り切った時期、一瀬が常日ごろ掲げている「植木理論」は役に立たないように見えた。会社が枯れ木になりかかっていたのだから、やむを得ない。しかし、一瀬は「植木理論」を忘れていなかった。

立ち上がるためには一刻も早く、みなが水をやりたくなるような青々とした芽を出させねばならない。ゴーイングコンサーン注記がはずれた何と翌月、間髪を入れず一瀬は、本人いわく「大博打」を打った。ＪＲ上野駅の公園口目の前にある「ＵＥＮＯ３１５３」というビルの2階に76坪の店をオープンすると決めたのである。上野駅前という一等地なので家賃は高いし、総額で1億円以上かかる物件だった。とても、「ペナルティボックス」から出てきたばかりの会社がやることではない。しかし、彼は「植木理論」を信じていた。

成長が期待できる青々とした芽を見せて、大きな話をぶち上げれば、人は集まってくるし、会社が浮上するバネになる。彼には勝算があった。

▽パートナー企業に関するリスクを管理する

多くのパートナー企業を抱える以上、そのパートナー企業の失敗、不手際によって自社が危機に陥るリスクは小さくない。2度の事件を通して一瀬はそれを痛感した。しかも、パートナー企業は国内にだけ存在するのではない。

『ペッパーランチ』は２００３年のソウル店オープン以降、積極的にアジア展開を進め、海外店舗が２４９店に上る（２０１６年6月末）。国外にも多くのパートナー企業を抱えるだけに、リスクを慎重に管理しなければならない。

一瀬が最初の謝罪会見に臨んだちょうど同じ時期、『ＧＡＰ』などのグローバルなアパレル企業の下請け縫製会社が南アジア諸国で児童を労働力として使っているとして、批判にさらされた。なかには、「児童虐待」と責められてもやむを得ない事例も含まれていた。下請けで働いていた児童たちにはＧＡＰと直接の雇用関係はないのだが、ブランドを管理するＧＡＰが児童の権利を侵害した責任を追及された点は、『ペッパーランチ』と似ている。

一瀬は、まず、ＦＣ加盟社の選定基準を見直した。それまでは彼が先方の社長とウマが合うなど、「直観」で決めていたのだが、信用調査を含め慎重に加盟社を選定するようになった。また、むやみに加盟社を増やさず、実績がある会社に優良不動産情報を紹介するなど、既存パートナーとの関係深掘りをすることにした。海外展開はサントリー食品グループと提携して、同社ネットワークによる加盟社の選定、管理を行っている。

食材の仕入れ先に対しては工場検査を念入りに行うようになった。第三者の検査組織に仕入れ先の製造・管理状況のスコア化を依頼し、それに基づいた経営指導を行なっている。海外の仕入れ先に対しても同様である。

▽「自分の意志で会社にいる」という意識を社員に持たせる

リスク管理はパートナー企業に対してだけ行えばいいわけではない。自社の危機管理システムの強化も行わなければならない。事業を立て直すには、組織を再構成し、従業員を強くしなければならない。そう考えた一瀬は、パートナー企業との関係見直しと並行して、社内強化に取り組んだ。

まず、従業員の行動規範を一から見直して再構築し、その規範がしっかり守られるシステム作りを徹底した。

一瀬は、まず社員へのメッセージの伝え方を見直した。

ペッパーフードサービス社では、毎月開かれる店長会議において社長が「仕事に対する考え方（心）」と「料理技術（技）」について語り、それを聞いた各店長が店に戻ってスタッフに社長のメッセージを伝える、という仕組みになっていた。だが、調べてみると、店長たちに伝えたメッセージは、他の社員にほとんど伝わっていなかった。

現場の忙しさを考えるとやむを得ないが、対策として、月1回、「社長道場」と称した、店長以外の社員にも直接メッセージを伝える場を設定した。社員旅行や忘年会以外に、全社員が社長道場において一瀬と接する。現場の全社員との距離を縮め、社長の思いがストレートに伝わる「場」を設けた。全員が、社長＝一瀬の顔を知り、肉声を聞くことが大事というのが、その背景にある。

一瀬が従業員に話す時に心掛けているのは、社員に「自分の意志で会社にいる」と思ってもらうことである。自分の意志で会社にいれば、「会社に何かしてもらいたい」でなく、「会社を活用したい」と考えるようになる。社員に自分の会社を「楽しく」「将来設計が成り立つ」「正しいことをしている」場所だと実感させる会社にすることが、経営者としての責任だと考えている。

▽「ブラック業界」を構造的に改善

アルバイトにも会社の一員という意識を持たせなければリスク管理にならない。現在、正社員約320人に対して、アルバイト社員は2千数百人に上る。

外食業界は一般的にアルバイトの比率が高い。業務が忙しくて「ブラック業界」と言われることが多い。そこで、アルバイト社員について、採用、モチベーションの与え方、管理の3点を改革した。現場は常に人手不足なので、アルバイト対策は、優先順位が高い。

まず、アルバイトの採用方法を見直した。外食業界では店長が採用面接を行うことが多い。店舗の近くに学校や家がある人が応募するので、本社でなく店舗で面接する方が合理的だからである。働きたい人は求人サイトなどを見て店舗に電話をするが、外食業界の現場は、時間帯によって戦場のように忙しくなる。たまたま忙しい時間に電話すると、誰も応答しないか、ぞんざいな応対をされる。「あの〜、アルバイト求人を見たんですけど」と電話しても、「後で折り返しますから」と切られる。折り返しの電話を忘れられることも珍しくない。

電話した人は、この電話応対イコール職場の雰囲気と受け取る。ひどい場合、そのままウェブの掲示板に「ブラック企業」と書きこまれることもある。ぞんざいな応対が反感を生み、それが広まる悪循環が起きると、よい人材を獲得できない。だからといって、「きちんと応対しろ」と店長に強制しても、各店舗に余裕はない。

対策として、アルバイトの希望受付を外部にアウトソースし、求人専用のコールセンターでの一元対応に変えた。アルバイト希望者に応対した専任オペレーターは、面接アポイントの設定まで行う。もちろん、店長が忙しくない時間帯を選ぶ。このプロセスであれば、アルバイト希望者は「応対が悪い」と思わないし、店舗側の負担も軽減できる。

▽「アルバイト教育」の革新

さらに続けて、アルバイト希望の受付だけでなく、採用面接も各店舗に任せるのをやめた。コールセンターでの一元受付だけでなく、専任の面接員がアルバイト面接を行うことにした。実は、これは苦肉の策だった。『いきなり！ステーキ』は立ち上げて2年間で77店舗もオープンした。かなりの数のアルバイトを採用せねば、店はやっていけない。といっても新規店舗で店長は1日中忙しく、面接自体が物理的に不可能だった。

正社員の採用と異なり、アルバイトの場合は、面接が初期研修も兼ねている。仕事の内容を説明し、アルバイトとして何をするかを理解させねばならない。その役目を負う店長が多忙だと、初期研修がおろそかになりかねない。それでは、採用されてもアルバイトが仕事を十分こなせず、定着率も上がらない。

外食業界で、一般にアルバイトの定着率が低いのは、仕事の理解不足、自分が必要とされているという意識を持ちづらい、初期研修が不十分、といった問題に起因している。専任の採用担当者の設置は、これらの欠点を埋めてくれた。現場の負担軽減のための苦肉の策が、結果としてアルバイトの質向上に効果を挙げた。

▽Webカメラによる「ライブ映像管理」とは

その後、2015年になって、一瀬は、社員とアルバイトを強くするための、新たな管理手法を導入した。全店舗にカメラを置いて店内のライブ映像を撮り、ウェブ回線を通じて本社でライブ映像をチェックできるシステムを作った。お客さんの入り状況、ホールスタッフのサービス態度、キッチンの働きぶりなどが鮮明な映像でリアルタイムにチェックできる。

『大黒屋』などの質屋チェーンにも同様の監視システムがある。質屋店舗には高級な品物が置かれているのに店員数が少なく、相互チェック機能が働きにくい。したがって、社員による盗難のリスクがあり、モニターによる監視システムの必要性が高い。

ただ、飲食店では店員同士のチェック機能が働きやすいので、「監視システム」が逆効果になり、働くモチベーションを低下させかねない。

もっとも、ペッパーフードサービス社の場合、モニターに誰かが張りついて常時監視をしているわけではない。全店舗の様子をリアルタイムで見られるという「状況」を作ることが、このシステムの目的だ。

それは、従業員に緊張感を持たせることにつながる。本社研修に来た社員たちに、店舗のライブ映像を見せると、皆、「こんなところまでチェックできるのか」と驚き、店舗に戻ったときには、「見てもらっている」という緊張感を持って仕事をすることになる。

また、本社に来た社員に一時的にチェックする側の経験をさせれば、新たな気づきが生まれる。ここで大事なのは、カメラは問題行動をチェックするためだけにあるのではない、と社員に理解させることだ。サービスや料理でよい事例を発見した場合、その内容は全店舗に伝えられ、役立つ情報は共有できる。

よい仕事をすれば、「見られていて」評価される、そう思えばモチベーションも上がる。運用上の工夫で、モニタリングシステムにポジティブな効果を与えることができる。

施策は「管理による守り」だけではない。

『いきなり！ ステーキ』店舗数&売上げ推移

	2013年	2014年	2015年	2016年（予定）
出店数	1	29	48	40
累計店舗数	1	30	78	118
売上（100万円）	14	1,894	8,882	16,273

店舗数は、年度末時点となります。

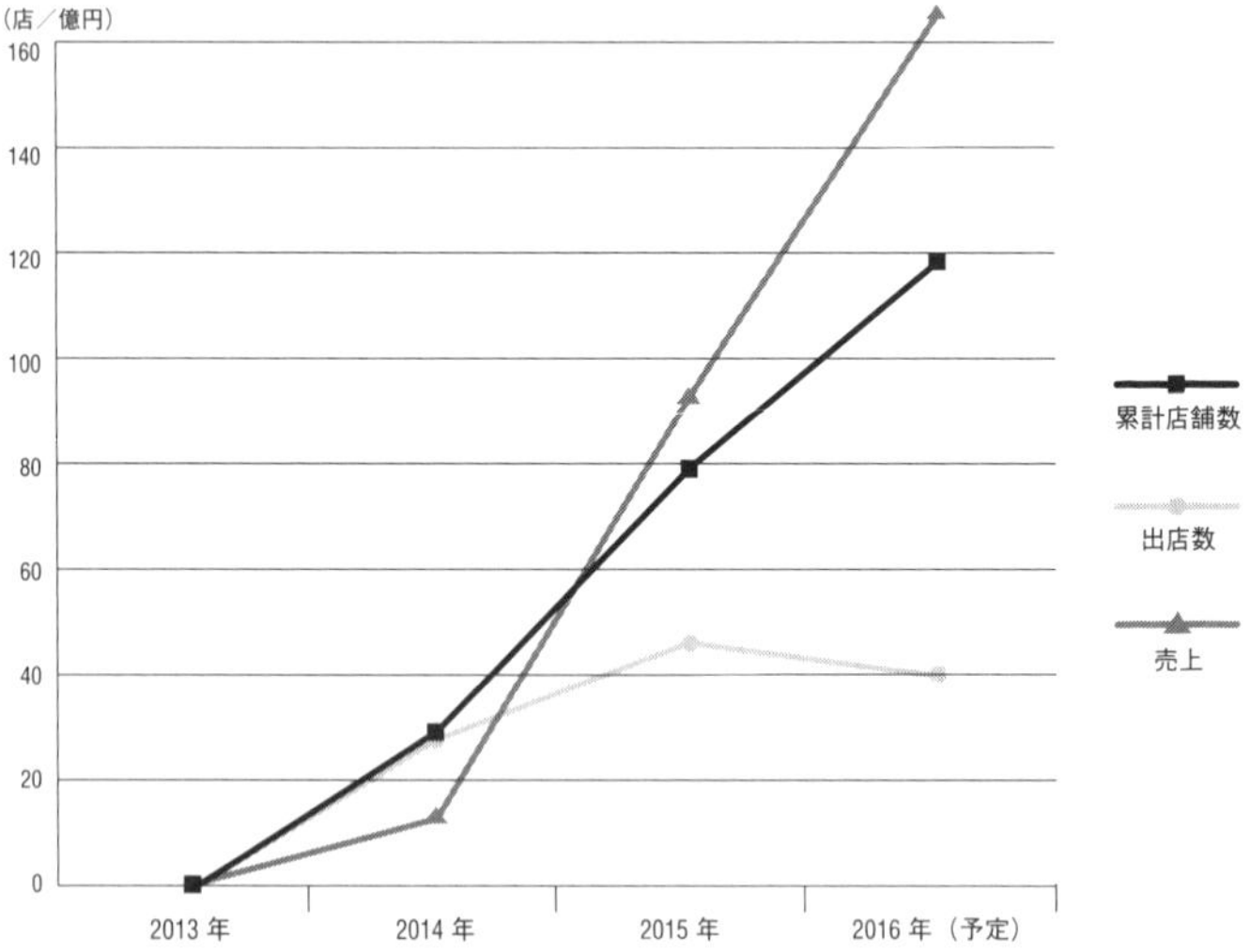

『ペッパーランチ』既存店前年対比売上推移

※ 43か月連続前年比100%超

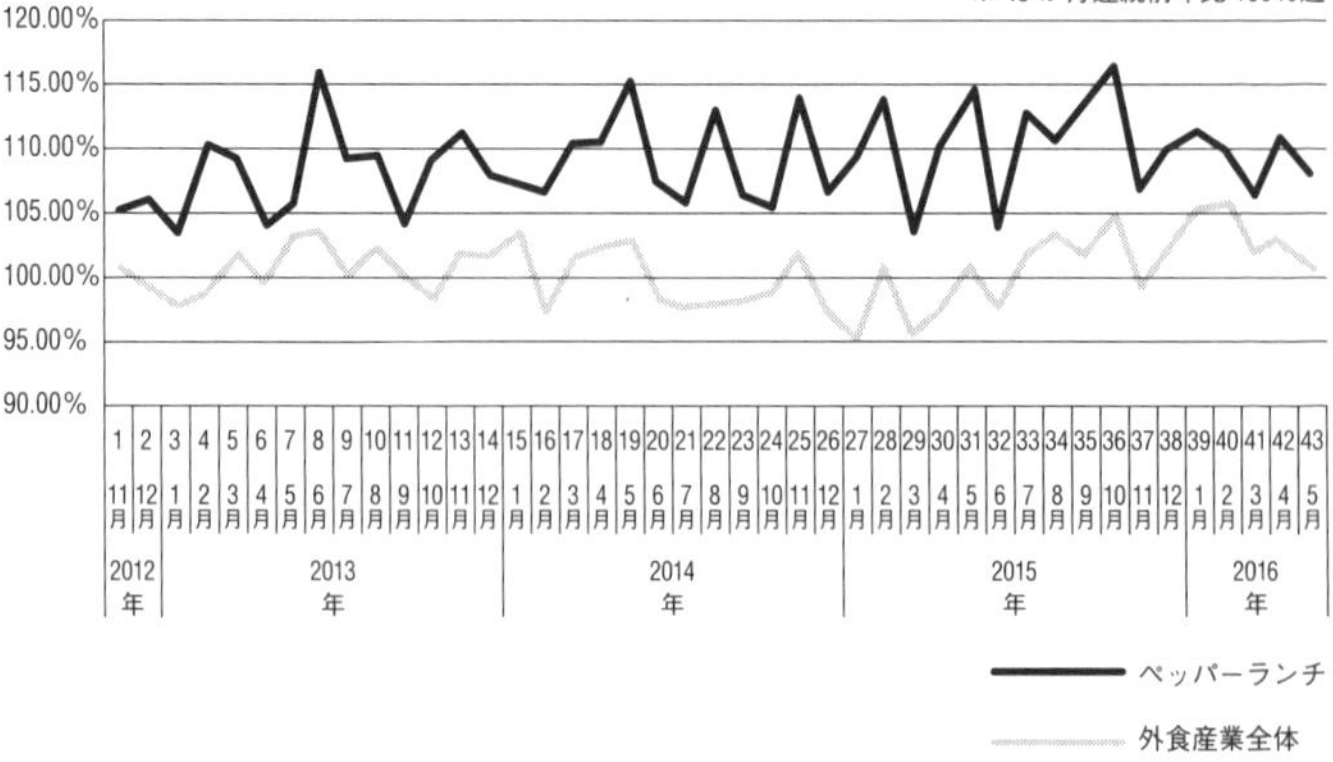

第8章

Niku hitosuji de katsu

第5の「危機」——デフレの終わりと業界構造の変化

【教訓】デフレの終わりはチャンスでもあり危機でもある

デフレ経済の終わりは企業にとってチャンスであり危機でもある。第3章でのべたとおり、それまでの成功要因が失敗要因に変わりやすい時期である。『いきなり！ステーキ』は危機への対応から生まれた成功例だが、常に進化を続けなければ、サバイバルはできない。

※デフレの終わりによる商品値上げには付加価値が必須である。
※「エンターテイメントと外食の融合」は競争力を継続するために有効な戦略である。
※経営者は顧客を「飽きさせない」ための戦いを続けねばならない。
※複数の参入障壁を組み合わせて仕組み化することが強い事業の基礎となる。
※「カネ」でなく「夢」を語りながら賛同者を増やすことで、持続可能なビジネスを作る。

▽デフレモデルの終焉が招いた大きな変化

バブル崩壊以来、日本経済はなかなかデフレを脱却できなかった。ところが、2012年末の第2次安倍政権発足の頃から、風向きが変わった。長らく低迷した株価が上昇し、日本の主力産業を苦しめた円高が円安傾向に転換した。その結果、多様な業種で好決算が続出し、景気が良くなったので、外食にお金を使う人が増えた。

外食産業全体の市場規模は2011年の約22兆8300億円を底に、2014年、約24兆3700億円まで回復した。特に、「食堂・レストラン」部門の伸びが著しく、3年間で約8200億円も市場が拡大した。この市場が9兆円を超えたのは14年ぶりである。3年間の年平均伸び率は3%を超えており、外食産業は「日本経済の優等生」にのし上がった（いずれも日本フードサービス協会調べ）。

この変化は業界にとって大きなチャンスだったが、同時に、変化に対応できない企業にとっては危機でもあった。なぜなら、単に市場規模が変化しただけでなく、業界の構造が変化したからだ。

構造変化以前の外食業界は、デフレ経済でどうやって勝つかという「デフレモデル」を追求していた。

デフレ経済下では消費者の財布の紐《ひも》は固い。「安かろう悪かろう」のメニューでも、従来の価格に慣れた人でさえ「驚くほどの安いメニュー」を提供すれば、リピーターを増やすことができた。これを仮に「デフレモデル」と呼ぶ。日本マクドナルドの「60円ハンバーガー」はその典型である。

デフレモデルは、「食材費」、「家賃」、「物流費」、「労働コスト」などが「すべて安い」ことが前提で可能になる。ところが、これらの前提が、株高、円安、新しい労働規制によって変わった。株高は物流費や家賃を押し上げ、円安は輸入食材費、燃料費などを高くした。そして、労働コストを上げたのが「労働力不足」である。

２０１４年、『(株)ゼンショーホールディングス』が運営する牛丼の『すき家』において、労働力不足により一部店舗が営業できなくなっていることが明るみになった。同社では、夜間のひとり営業（いわゆる「ワンオペ」）が常態化しており、過剰労働が強いられていることが報道された。そこで、本社が設置した第三者委員会が店舗の実態調査を行い、長時間労働の禁止、「ワンオペ」の解消、経営陣の意識改革などが実施された。

ゼンショー社は象徴的な例で、これを機に、外食産業の「ブラックな環境」が是正されていった。長時間労働是正以外に、一定の勤務条件をクリアしたアルバイト社員は正社員として採用しなければならなくなった。働く人たちには歓迎される変化だが、安い労働力に頼っていた外食経営者にとっては、由々《ゆゆ》しき事態といえる。デフレモデルの前提になっていた「安くて豊富で、いつでも調達できる労働力」がなくなった。

デフレモデルの「前提条件」の変化と機を同じくして、消費者の「外食は『安かろう』、『悪かろう』でやむを得ない」という意識も変化した。需要、供給の両面から外食デフレモデルは終焉を迎えた。

本来、これは業界にとって歓迎するべき変化である。商品の平均単価を上げて利益率を向上させるチャンスだからである。しかし、デフレが底入れしたといっても、単に商品単価を上げただけで、顧客が満足してくれるわけではない。

安く食べるだけなら、外食業界と同じ土俵にいなかったはずのコンビニ業界が外食の脅威となっていた。「イートイン店舗」、惣菜、生鮮野菜・果物、「100円コーヒー」などが外食産業のお客さんを確実に奪いつつあった。この状況下で外食店が値上げするのはリスクに満ち溢れている。

外食業界内のライバルだけでなく、コンビニ業界とも競争しながら、価格の上昇を顧客に納得させるだけの付加価値を提供しなければならなくなった。これができない企業は危機に瀕《ひん》する。

▽真似できない仕組みを作りあげる

「デフレ経済が日本の外食業界をつまらないものにした」と、一瀬は思っている。デフレモデル下で外食産業には安いメニューの開発競争が起き、いつしか「安いメニューであれば消費者は満足してくれる」と誤解する企業が増えた。デフレ時期でも、本当に良い商品であれば、ある程度の料金を払う消費者が確実に存在したことが忘れられていると、彼は考えた。

ただ、問題はどのように値上げするかだ。『ペッパーランチ』は600円ぐらいのメニューを提供しているので、デフレモデルの店だと誤解されやすい。「メニューの質は他社に負けていない」と思っても、そのことを消費者に理解してもらうことが難しい時代になった。簡単に値上げできない。

したがって、従来のカテゴリーから外れた市場を作らなければならないと考えた。同時に、顧客に驚きを与えたい。危機脱却のための解が『いきなり！ステーキ』だった。「ステーキ単品商売」というと素人は簡単だと思いがちだが、『いきなり！ステーキ』は緻密なオペレーションによって成り立っている。緻密なオペレーションは「肉ひと筋」のペッパーフードサービス社だからこそ実行できるので、これを他社が真似することは難しい。それが参入障壁であり、この分野での『いきなり！ステーキ』のひとり勝ち状態を造りだしている。

▽「味」と「価格」プラスアルファの「付加価値」を追求する

「美味しいステーキ、値段は他社の半分」は確かに、市場に驚きを与えることができた。実際、この2年半は爆発的な集客ができた。しかし、どんなに人気を集めても、顧客はいつ「飽きる」か分からない。外食企業が宿命として戦わなければならない課題だ。

そこで、一瀬は、「味」「価格」以外の「付加価値」を追求している。それは「楽しさ」である。一瀬は、「楽しさ」を含めたコストパフォーマンスを『いきなり!ステーキ』の価値と定めた。

彼は外食業界における最大の付加価値は「料理の美味しさ」だと思っている。そのための投資をこれまで惜しんで来なかった。そして、第2の付加価値=「食べることにエンターテイメント性を持たせる」追求が新しい挑戦となった。

▽「健康的なダイエット」と肉食との関係

『ベストボディ・ジャパン』というイベントがある。筋肉ムキムキの男女がビキニ姿で次々と壇上に現れ、「ミスター」「ミス」の称号受賞者を決めるコンテストである。これだけ書くと、よくあるボディビル大会と思われそうだが、このイベントのユニークさは、「世界初!」と銘打って男女の年齢別で受賞者を決めるところだ。ボディビルダーには「適齢期」があるが、この大会は中高年なりの「美しいボディ」をテーマにしている。さらに、筋肉が鎧《よろい》のように盛り上がった体ではなく、「細身で均整が取れた美しい体」のほうが高く評価される選考基準にも特徴がある。

大会のオフィシャルパートナー（スポンサー）には、大手スポーツジム運営企業、プロテイン販売企業、脂肪燃焼系ダイエット飲料企業、スポーツアパレル企業などが並んでいるが、そこに『いきなり！ステーキ』も名前を連ねている。他のスポンサーはウエイトトレーニングに直結するイメージを持った企業ばかりだが、『いきなり！ステーキ』だけが異色だ。他に外食企業は含まれていない。この大会へのスポンサーになることも、一瀬の戦略である。

既に述べたとおり、今は「肉ブーム」だが、ブームが来る前は肉とダイエットを結びつけることは稀《まれ》だった。むしろ、肉は「ダイエットの敵」で、魚や大豆をタンパク源にするべしという考えが主流だった。ところが、ブームの今は肉こそ体を作るのに最適なタンパク質と認識されている。「健康的なダイエット食企業」という自社企業イメージをさらに強くしたい。『ベストボディ・ジャパン』への参加はその一環である。グランプリの受賞式で、一瀬が数kgはありそうな肉の塊を大事そうに抱えて受賞者に贈呈した時、会場は万雷の拍手に包まれた。

▽「肉マイレージ」はゲームをヒントにした遊びである

『ベストボディ・ジャパン』への参加は『いきなり！ステーキ』にエンターテイメント性を持たせることができたが、ストイックなトレーニングの世界なので、市場の拡大に限界がある。

そこで、ゲームのエンターテイメント性に一瀬は注目した。その発想から生まれたのが、店内で金券として使える「肉マイレージ」カードである。

「肉マイレージ」は、「商売はお客さんを飽きさせず、何度も来たいと思ってもらうことが肝心」という経営理念を具現化している。ちなみに、このカードは『ベストボディ・ジャパン』グランプリの副賞にもなっている。

まず、お客さんが「肉マイレージ」と書かれた専用のプリペイド・カードを購入すると、食事する度に食べた肉のグラム数が加算される。カードへの入金があればボーナス・ポイントが加わる。メルマガ会員に登録すると、誕生月に３００ｇのステーキがプレゼントされる特典などもある。

外食企業でポイント制を導入している例は珍しくないが、「肉マイレージ」は趣《おもむき》が異なる。普通、店で支払った「金額」に応じてポイントが加算されるが、「肉マイレージ」は食べた肉の「グラム数」と連動する。メニューが「肉ひと筋」に統一されているからこそできるシステムだ。

そして、ゲーム的なエンターテイメント性があるのが、「ランキング」である。自分のニックネームをウェブ登録して、ランキング競争に参加すれば、自分が食べた肉の累積グラム数が登録者中の何位であるか検索できる。現在のランキングトップは、通算３００kg以上も食べている。ひと口に３００kgと言ってもピンと来ないが、３００gのステーキを週5回のペースで食べ続けても、到達に4年かかるという、すさまじい量だ。食べた肉の総グラム数が区切りの数字に達する度に、ボーナス・ポイントが与えられる。こうしたランキングの仕組みは、ゲームで育った40歳代以下の世代には親しみやすいもので、順調に参加者数を増やしている。

２０１６年６月末現在、プリペイド・カードの発行は26万枚を超え、ランキング参加のアプリ登録数は9万3千人に達している。ゲームユーザーを取りこんで裾野を広げるために、肉マイレージのランキング制が有効に機能している。

一瀬が毎月、取引先や知人を中心に開催している『いきなり肉友パーティ』では、ランキング上位者が招かれて、出席者の前で表彰を受ける。マイレージの加算数字を見ると、皆、累積で100kg以上食べている人たちだ。大食漢なので、相撲取りのような体型をしているのかと思われそうだが、意外にもアスリート風で筋肉質の人ばかりだ。ハードリピーターである彼らの話を聞くと、自分の数字（肉のグラム数と順位）が上昇していくことがいかに気持ちいいか、を一様《いちよう》に力説する。

▽ライバルの参入障壁を強固で持続可能にする

エンターテイメント性による付加価値を一瀬は今後も追求する。同時に、ライバルが自社を真似できない「参入障壁」を強固にし、持続可能なものにすることが彼のもうひとつの課題だ。

他社に真似できない参入障壁とは、「肉の仕入れルート」、「熟練シェフの人材プール」、「知的財産」の3つの組み合わせである。これらがひとつでも欠けてはいけない。

▽参入障壁①──「肉ひと筋」で作り上げた仕入れルート

1番目の参入障壁が「肉の仕入れルート」だ。数十店舗でステーキを提供しようと思えば、安定した仕入れルートが必要である。この点、一瀬には50年近い経験がある。BSE問題など深刻な事態を乗り越えて、豪州産牛を増やして産地の分散に努めて来たのは既に述べたとおりである。今後、どこかの国や地域でBSEや口蹄疫などの問題が起きても、産地の分散をしていれば対応可能である。

事業として「肉ひと筋」にやってきた一瀬には、肉の調達ルートに関して、大きなアドバンテージがあり、これが「安かろう悪かろう」でやって来た肉業者に対する参入障壁である。

▽参入障壁②──熟練シェフの人材プール

ただ、『ロイヤル』『ブロンコビリー』『ビッグボーイ』など、ペッパーフードサービス社以外にも、牛肉の調達実績を持っているライバルは少なくない。こうした同業者に対しては、「熟練シェフの人材プール」が2番目の参入障壁になる。

高級ステーキを安価に提供するためには、顧客回転率を高めなければならない。そのためには、食べ頃に焼けたステーキを短時間で仕上げ、一度に大量に提供する必要がある。「美味しい料理は待ち時間が長くて当たり前」という考えでは、顧客は満足してくれない。というより、「美味しい料理がすばやく提供されれば、お客さんの喜びは増し、リピーターとなる」というほうが的確か。

このモデルで短期間に大量出店するには、それなりの人数のシェフを揃えなければならない。ただ、人手不足が顕在化している今、優秀な人を採用するのは簡単でない。

デフレモデルの外食業界では、シェフの能力に依存しない仕組みも可能だった。セントラルキッチン（ＣＫ）で食材を大量に「製造」し、店舗では基本的に温めるだけで顧客に提供する。ＣＫは、メーカーの大量生産の手法をサービス業に応用して効率を高める手法である。このモデルは熟練シェフを必要としないが、社内でシェフが育たないという欠点もある。ＣＫに慣れた企業は、シェフを育成する機会を自ら放棄しているともいえる。

一瀬の会社は「コックレス」の『ペッパーランチ』の出店を増やしながらも、シェフの育成を怠っていなかった。高級店『ステーキくに』に数十名の熟練シェフ人材を抱えていたからこそ、『いきなり！ステーキ』のロケットスタートが可能になった。今も外部からシェフの採用を続けているが、しゃかりきに外部人材を探さず、内部のシェフを核としたチーム作りが可能である。

▽参入障壁③――知的財産である「コックレス」

一瀬が作った3番目の参入障壁は「知的財産」である。ＣＫはモノ作りの仕組みをサービス業に応用したものだが、ＣＫ自体は特許性に乏しい。新たなノウハウを作っても、真似されやすい。これに対して、『いきなり！ステーキ』は特許で守られた仕組みを持っていることに特徴がある。

『いきなり！ステーキ』では、『ペッパーランチ』で獲得した知的財産がフル活用されている。電磁調理器と特殊鉄皿によってシェフの仕事を大幅に削減することができ、このシステムは特許で防衛されている。

一瀬が構築した3つの参入障壁が「三本の矢」として、『いきなり！ステーキ』の持続可能性を高めている。

▽フードコートという追い風

危機だけではない。『いきなり！ステーキ』にとって、数年来続いている「追い風」がある。それは、全国のショッピングモール、アウトレット、空港などで大流行している「フードコート」である。

『ペッパーランチ』と『いきなり！ステーキ』は、フードコートとの相性が非常によい。フードコートは1980年代に米国で広がった外食の形態だ。広い座席スペースを複数の店舗カウンターが取り囲み、お客さんは好きな店舗で料理を注文、その場で支払を済ませる。その後、トレーに載せた料理を自分で座席まで運んで食べる。

従来、フードコート内の店舗は、さほどバリエーションがなかった。麺類、カレー、丼物、ハンバーガー、フライドチキン、ドーナツなど同じような店舗に偏《かたよ》り、飽きてしまう。ここに、鉄板の上でジュージュー音を立てるステーキが登場したので、その新鮮さに多くのお客さんが飛びついた。『ペッパーランチ』も『いきなり！ステーキ』も大人気を博した。

『いきなり！ステーキ』のフードコートへの出店第1号は、イオンの埼玉県越谷店。その後、沖縄県那覇市、熊本空港などへ順次出店していったが、実際にオープンしてみると、どの店舗も予想以上の売上だった。イオンモール沖縄ライカム店は月次売上が最高4090万円に達した。ステーキとフードコートとの相性の良さを確信していた一瀬でさえ驚くほどの売上であった。

他社がフードコートでステーキを提供しようと思うと、オペレーション上の難問に直面する。それは鉄皿の「重さ」である。重量が数kgある鉄皿をカウンターから座席まで自分で運ぶのは、かなりの重労働である。特に、女性、お年寄り、子供の場合、危険も伴う。かといって鉄以外の素材の皿は保温性が低く、ステーキの美味しさや楽しさを引き出すことができない。この問題は、『ペッパーランチ』で開発した鉄とアルミ素材の二種類を使った軽い特殊鉄皿（142ページ参照）が解決した。

特殊鉄皿は、『ペッパーランチ』のアジア市場進出でも威力を発揮した。中国、台湾、香港、ＡＳＥＡＮ諸国などに行くと、モールやデパートに必ずと言ってよいほどフードコートがある。アジア各国のフードコートに『ペッパーランチ』は積極的に出店している（『いきなり！ステーキ』は未出店）。軽い特殊鉄皿が『ペッパーランチ』の海外進出を支えている。

▽「ブレイクスルー」で現状を壊す

一瀬の信条のひとつに「大きな話にこそ、たくさんの人が集まる」という「植木理論」があることを本書で繰り返し述べてきた。

母から教わった「枯れ木に人は水をやらない」を裏返した教訓だ。つまるところ、「勝ち馬をめざせ」である。人は勝ち馬に乗ろうとする。だから、自分を支持してくれる人を集めるには、自分が勝ち馬にならなければならない。

ただ、一瀬は「大きな話」とは「お金＝儲け」だけでないと思っている。お金にこだわると、お金がなくなれば、みな離れていく。そこで、「大勢の人を巻きこむこと」を「大きな話」と捉えている。巻きこまれた人にお金と同時に「喜び」を与える。これが賭け事と商売との違いだ。

経営者の中には賭け事に強い人が少なくないが、一瀬は賭け事に弱い。賭け事の目的は「自分が勝つ」ことだが、一瀬の商売の目的は「相手に勝たせる」ことだ。「相手」とは、店に来るお客さん、従業員、FC加盟者や取引先、すべてである。「相手」すべての「利」を考え、自分の「利」を合わせた「利＋利」、つまり「ウインウイン」を実現することが一瀬の目的だ。一瀬が常に口にする「正笑」ということばがある。正しい行いをし、成功をともに喜ぶ——それが一瀬の経営哲学である。母から言われた「自分さえ良ければ人はどうでもいい、と思ってはいけない」ということばを肝に銘じているからでもある。

「常に相手の利を考える」ことで、相手に自分という馬に乗ってもらう。そうして「みなが勝つ」状況を作ることこそ、めざす到達点なのだ。

だが、「大きな話」を実現させ「勝ち馬になる」ためには、いつもと変わらぬルーティンの作業をくり返していてはダメである。大きな話を実現させるために必要なこととして、一瀬はしばしば「ブレイクスルー」という言葉を使う。「ブレイクスルーしなければいけない」「ブレイクスルーが必要だ」……彼のお気に入りのフレーズだ。

「ブレイクスルー」は、一般に「進歩」「前進」「障壁の突破」と訳されるが、語源的には「現状を壊す」という意味がある。筆者が、ある時それを一瀬に話したところ、その瞬間、一瀬が「我が意を得たり」という表情をしたのが印象的だった。一瀬が「ブレイクスルー」という言葉で伝えたいのが、まさに「現状破壊」だったからだ。『ペッパーランチ』も、『いきなり！ステーキ』も、外食業界の現状、自分自身の現状を壊すことで、躍進してきた。

▽「ブレイクスルー」で生み出された新たな組織戦略

また、ペッパーフードサービス社快進撃の原因として一瀬は、「新しい組織戦略」を上げる。これもまた、「ブレイクスルー」＝現状打破、であった。

『いきなり！ステーキ』がロケットスタートに成功した2013年12月末、一瀬は大きな決断を下した。会社の忘年会の席上、当時の『ペッパーランチ』本部長・菅野和則氏に、『『ペッパーランチ』に加えて『いきなり！ステーキ』、『ステーキくに』ほか、海外事業まで含めて、すべての店舗、営業管理を君に任せる。私の命令や意志はまず君に伝えることにするから、それがきちんと全体に伝わるように組織を動かしてくれ」

と告げたのだ。

「1号店は大成功しましたが、『いきなり！ステーキ』を展開していくにあたり、『ペッパーランチ』既存店などから人材を抜擢《ばってき》、配置転換する必要があります。他にも、グループ内の各事業で連携、分担しなければならない案件も生じるでしょう。その際、事業ごとに責任者が違っていると、話がスムースに進まない、バランスを欠く決定になる、などの危険性がある。今までは、すべて私が陣頭指揮を執って決定を下していましたが、そのやり方だと、私が出した指示が当該部署にとどまり、知っておいたほうがいい別の部署には伝わらなかったり、意図が十分理解されなかったりすることも起こりうる。『いきなり！ステーキ』、『ペッパーランチ』などすべての事業を含め、会社をますます大きくしていくためには、すべてを統括し俯瞰《ふかん》で見て適切な指示が出せる責任者を私の下に配置し、命令の流れを単純化する必要があると思いました」と一瀬は語る。

「会社と事業の今後を考え、私の命令がよりストレートに伝わっていくように、すべてを把握する役割として菅野を置き、その下に新たに副本部長4人を作りました。私の命令やその意図は菅野を通り、下に降りていくようにしました。こうして指揮系統を一本化して、風通しもよくしたのです。『ただし、伝える時間がない場合、時には私が君の頭越しに指示を出すこともあるだろう。その場合でも、必ずすぐに私の命令と意図は君にフィードバックする』と付け加えましたが、基本的には彼を通して指示・命令を下すことにしました」

すべて自分が陣頭指揮を執っている現状を壊し、新たな組織戦略を実行することが、会社と事業の拡大・発展に必要と決断したのだ。この新たな組織戦略は、部下たちを活かし、育てることにもつながった。それまでの一瀬は、新規店舗の開店イベントには必ず出席し、自分の目でチェックすることにしていた。一瀬の都合でオープン日程が変更されることもしばしばだったという。しかし、この決断以降は、海外出張、視察などのはずせない用事と重なった場合は、新規店舗オープンは部下に任せるようになった。

この、組織戦略の「ブレイクスルー」こそが、２０１４年以降の驚異的な売上伸び率を生みだしたのだ、と一瀬は断言している。

▽「再度現状を壊す」ブレイクスルーもある

ただ、ブレイクスルーは「壊しっぱなし」ではダメである。一度壊したものを「再度壊す」必要も時にはある。その例が、『ペッパーランチ』における券売機導入と、その後の撤去である。一瀬は『ペッパーランチ』オープン時にチケット券売機を導入した。従業員の手間を省き、コストを削減して、ステーキ屋の常識＝現状を壊すための手段だった。「ラーメン屋じゃあるまいし、ステーキ店ではチケット券売機など入れるべきでない」という周囲の批判を抑えて導入した。

ところが、最近、券売機を再度撤廃することを決めた。なぜ、一度壊した後に作りあげた現状を再度壊したのか？

『ペッパーランチ』オープン時、確かに券売機はコスト削減効果を挙げた。だが、デフレモデルから脱却するうえで、「安っぽく見える」券売機はむしろ足枷《あしかせ》となってきた。また、券売機を導入したため、ホールで「オーダーを取ることでお客さんと直接話す」機会も失った。「オーダーを取る」行為は、会話というサービスをお客さんに提供することであり、顧客の反応を収集する場でもある。券売機撤廃によるコスト増は、次のブレイクスルーを起こすための情報収集によって賄《まかな》えると一瀬は考えている。

『ペッパーランチ』も『いきなり！ステーキ』も、傍《はた》から見れば無謀なほどのスピードで店舗を増やしてきた。ふたつのケースは同様の大量出店に見えるが、実態は異なる。『ペッパーランチ』初期の直営店は、準備不足にもかかわらず、ライバルの動きに焦って拙速《せっそく》に出したもので、失敗だった。その苦い経験が『いきなり！ステーキ』の大量出店で生きている。

まず、オペレーションの課題を十分に検討してスタートしている。『ペッパーランチ』で蓄積したノウハウや人材も生かした。また、各店舗の置かれた状況に応じて、椅子席を増やすなど、オペレーションを柔軟に変更し、現状を壊している。

現状にしがみつくことなく、常に壊し、新しい状況を作りだすことで、「大きな話」を実現につなげていく。刺激を与え絶えず動かしつづけることで、会社にゆるみを許さず、引き締める。会社を赤身もも肉のような筋肉質にすることが目標である。これから訪れる危機も一瀬はこの方法で乗りきって行くのだろう。

おわりに

順調に進んできた『いきなり！ステーキ』だが、実は、２０１５年9月、社長が「9月危機」と呼ぶ窮地に立たされた。天候不順などが原因で全体の売上が下がり、『いきなり！ステーキ』として、初めての危機が訪れた。

「9月危機」への対応は迅速だった。

●まず、２０１５年の出店予定数を53店舗から48店舗まで減らした。出店立地精査をやり直した結果である。

●一瀬が店長以外の社員と接する「社長道場」の頻度を月１回から月３回に増やした。

●本社３階の研修センター（テストキッチンを備える）を「研修センター店」として顧客向けに開業した。ここで、店長クラスを研修生として１日２名の技能訓練を行いながら、お客さんに料理の提供を始めた。（料金は通常店舗より安い）

●その他、メニュー改訂、肉マイレージの販促キャンペーン、シニア客優遇策などを矢継ぎ早に導入した。

9月危機の乗りきり方は、「全社一丸」だった。

一瀬は創業して45年間、強力なリーダーシップで自分の会社を率いてきた。度重なる危機は「肉ひと筋」のステーキ職人としての誇りによって乗りきってきた。

ところが、マネジメントスタイルを変えて以来、彼は自分の新しい役割を見出している。それは「全社一丸」になるための環境整備である。指揮系統を大胆に見直したことで、部下が育ち、組織がより強くなったと彼は思っている。

今は『いきなり!ステーキ』の好調さに世間の耳目が集まっているが、『ペッパーランチ』の業績も負けずに絶好調である。以前は『いきなり!ステーキ』に『ペッパーランチ』のお客さんをある程度奪われることが危惧されたが、そうならず、むしろ相乗効果を生んでいる。これも「全社一丸」の成果だ。

2016年秋に、『いきなり!ステーキ』を米国ニューヨークでオープンする予定だ。若者で賑わうイースト・ビレッジですでに物件を押さえている。米国では「コーべ・ビーフ」が有名で、多くのレストランのメニューに当たり前のように載っている。ただ、本場の神戸牛と似ても似つかない固いだけの肉が出ることが多いが。
ともあれ、米国で浸透している「日本の牛肉」は、名前だけの「コーベ・ビーフ」と〝YOSHINOYA〟の「ビーフボウル」（牛丼）くらいのものだ。「ステーキの本場」の消費者が、初めて味わう一瀬の「ジャパニーズ・ステーキ」をどのように受け取るのか。どんなブレイクスルーが実現するのか。想像しただけで楽しくなる。

本書の執筆に関して、ご多忙のなか度重なるインタビューに応じていただいた一瀬邦夫社長、インタビュー以外に資料提供や貴重なサジェッションをいただいたペッパーフードサービス社取締役営業企画本部長の川野秀樹氏に深く感謝申し上げたい。

２０１６年盛夏　尾崎弘之

一瀬邦夫

株式会社ペッパーフードサービス代表取締役社長CEO。
一般社団法人日本フードサービス協会正会員、一般社団法人日本フランチャイズチェーン協会理事、
西武文理大学特命教授、ハウステンボス株式会社飲食部門顧問。

年譜

1942年(昭和17年)	静岡県静岡市に生まれる。
1946年(昭和21年)	東京に転居、江戸川区小岩に住む。
1960年(昭和35年)	高校卒業後、浅草の『キッチンナポリ』に就職。
1970年(昭和45年)	勤めていた『山王ホテル』を辞め、向島に『キッチンくに』を開店。
1979年(昭和54年)	自社ビルを建て、新たに『ステーキくに』を開業。
1985年(昭和60年)	『有限会社くに』を設立し、代表取締役に就任。
1987年(昭和62年)	両国に『ステーキくに』2号店を開店。以後、直営店を４店舗に拡大。
1993年(平成5年)	多店舗展開が行き詰まり、経営が悪化。従業員たちに 集団辞職宣言される。(第１の危機)
1994年(平成6年)	大船に『ペッパーランチ』1号店(ＦＣ店)を開く。 その3か月後、浅草に直営１号店を開業。
1995年(平成7年)	会社を組織変更し、社名を『(株)ペッパーフードサービス』と改称。
1997年(平成9年)	牛肉輸入自由化(91年)により大手チェーン店が 格安ステーキを提供し始め競争が激化。(第２の危機) 創業28周年の記念大会を盛大に執り行う。 『馬上行動』(社内報)をスタート。
2001年(平成13年)	国内で初めてＢＳＥ(狂牛病)に感染した牛が発見される。 店舗に「助けて下さい」と書いた貼り紙をする。 さらにラジオに出演し「牛肉以外売りません」と発言。(第３の危機)
2003年(平成15年)	『ペッパーランチ』をフードコートに出店。海外にも積極的に進出。
2006年(平成18年)	東証マザーズに上場。
2007年(平成19年)	『ペッパーランチ』委託経営店で暴行事件が起き、謝罪会見を開く。
2009年(平成21年)	仕入れ先の牛肉が病原菌O-157に感染していたため、 『ペッパーランチ』店舗で食中毒が発生、 ２回目となる謝罪会見を行う。(第４の危機)
2012年(平成24年)	デフレ経済が終焉を迎え、「低価格」という商品価値が消費者に 以前のような満足感を与えなくなる。(第５の危機)
2013年(平成25年)	12月、銀座に『いきなり! ステーキ』1号店を開業。
2015年(平成27年)	前年に続き、㈱ペッパーフードサービスが２年連続前年比売上伸び率 No.1(外食上場企業中)となる。
2016年(平成28年)	5月、『ペッパーランチ』が既存店売上前年対比43か月連続100%越えを達成。 秋には『いきなり! ステーキ』海外第１号店をニューヨークに出店予定。

尾崎弘之　Hiroyuki Ozaki

神戸大学科学技術イノベーション研究科教授。1960年生まれ、福岡県出身。東京大学法学部卒、ニューヨーク大学大学院スターン・スクール・オブ・ビジネス修了(MBA)、早稲田大学博士後期課程修了。博士(学術)。1984年、野村證券に入社。その後、モルガン・スタンレー証券、ゴールドマン・サックス投信執行役員、バイオビジョン・キャピタル株式会社常務取締役、ディナベック株式会社取締役CFOなどを経て、2005年、東京工科大学教授。2015年より現職。専門分野は、ベンチャー企業経営、環境ビジネス、バイオビジネス。環境省「環境成長エンジン研究会」などの政府委員を務める。著書に、『俺のイタリアンを生んだ男』(IBCパブリッシング社)、『再生可能エネルギーと新成長戦略』(エネルギーフォーラム)、『投資銀行は本当に死んだのか』(日本経済新聞出版)、『バイオベンチャー経営論』(丸善)などがある。『みのもんたの朝ズバッ!』(TBS系)、『ウェークアップ!ぷらす』(読売テレビ)などに出演。

尾崎弘之のホームページ　http://hiroyukiozaki.jp/

デザイン　志村謙(Banana Grove Studio)
編集協力　谷口明弘(由木デザイン)

「肉ひと筋」で、勝つ。

『いきなり！ステーキ』と一瀬邦夫

２０１６年８月10日　第１刷発行
２０１９年３月13日　第２刷発行

著書　尾崎弘之《おざきひろゆき》

発行者　加藤　潤

発行所　株式会社　集英社
〒１０１-８０５０
東京都千代田区一ツ橋２-５-１０
編集部：０３-３２３０-６０６８
読者係：０３-３２３０-６０８０
販売部：０３-３２３０-６３９３（書店専用）

印刷所　凸版印刷株式会社

製本所　ナショナル製本共同組合

集英社ビジネス書公式ウェブサイト　http://business.shueisha.co.jp/
集英社ビジネス書 Twitter　http://twitter.com/s_bizbooks(@s_bizbooks)
集英社ビジネス書公式 Facebook ページ　https://www.facebook.com/s.bizbooks

 ISBN 978-4-08-786070-2 C0095